あの人はなぜ定年後も会社に来るのか

中島美鈴 Nakashima Misuzu

JN027138

NHK出版新書
644

はじめに

皆さんは次のようなことを考えたことはありませんか。

- 仕事が休みの日に暇を持て余す
- 長期休暇に「自分から仕事をとったら何も残らないような気がする」と虚しくなる
- 人と比べて、自分は友達が少ない
- 子どもが巣立つと生きがいがなくなる気がする

「こんなことを一度も考えたことがない」という人のほうが少ないのではないでしょうか。

多くの大人が仕事や子育てなど、何らかの生産的なことに従事して一日の多くの時間を費やしています。またそれによる報酬や成果によって、日々は回っています。

しかし、長期休暇など、何らかの事情で目の前の仕事が一時的になくなったとき、ふと「あれ？　何をしたらいいんだろう？」と考え、不安になることもあるのではないでしょうか。多くのすべきことに追われていたときには決して向き合うことがなかった自分自身と、向き合わざるをえなくなる。そんなとき、どうするでしょうか。

幸い世の中にはいろいろなサービスがあります。いつでも好きなときにアクセスできるインターネット。思いきり現実を忘れられるゲームや映画の世界。こうした刺激は、私たちが一人になる怖さを束の間、忘れさせてくれます。だから多くの人はテレビを見たり、ネットやゲームの世界に没頭したり、誰かに連絡して会ったりと、退屈な時間を埋めて、ひとりぼっちで自分と向き合うことを避けます。本能的に自分と向き合う怖さを知っているからです。

しかし、こうしたことではごまかしきれないほどに膨大な時間が目の前に広がったとき――つまり、定年後はどうでしょうか。

「老後」と言われる時間は20～30年にもなります。また75歳以上にもなると、配偶者のいる人のうち男性で2割、女性で6割が死別・離別を経験するなど、家族に先立たれることなども増えていきます。同時に、年齢を重ね次第に気力や体力が落ちていくと、若い頃に行っていたさまざまな手段を使って現実逃避をすることも、徐々に難しくなっていくでしょう。働きざかりの頃にはあまり意識しませんが、それでも漠然と、老後について不安に感じる方は多いのではないかと思います。

定年後の所在のなさには明確な理由がある

『あの人はなぜ定年後も会社に来るのか』というこの本の書名を見て、皆さんは何を思い浮かべたでしょうか。誰か身の回りにいる特定のどなたかの顔が浮かびましたか?

実際、定年退職後に用事もなくかつての職場を訪れる方というのは多く、その対処に悩まれている声も多く聞かれます。元同僚ですから無下にもできず、かといって相手をしているといつまでも自分の仕事ができない……。もしかしたら今まさにそんな悩みを抱えていて、この本を手に取った方もいらっしゃるかもしれません。

最初にお断りさせていただきますが、本書は定年後も会社に来る方々のことを非難する本ではありませんし、「定年後の人生は○○をして過ごしましょう」と、特定の具体的な行動を勧める本でもありません。

定年後に、特段の用もなくかつての職場に来てしまうこと。これは、新しい人とのつながりや夢中になれる趣味を見つけられずに老後の時間を持て余し、過去の人間関係に依存し続けているということです。このことは多くの人、**とくに男性の老後不安や所在のなさ（孤独感）と通じる普遍的な問題ではないか**。私はそう感じています。

本書は、現在働きざかりの40代から、もうすぐ定年を迎える（あるいは迎えた）60代くらいまでの方に、主に男性が抱えることになる、そうした老後不安や孤独感がなぜ生じるのか、その不安の正体はどこからくるのかを、心理学の視点から明らかにします。そのうえで、そんな不安や孤独感と上手に付き合い、将来の長い老後の生活を豊かに送っていくためのコツを、私の専門である「認知行動療法」の考え方を用いてご紹介させていただきます。

定年後の指南本を読んでも解決されない2つの悩み

書店に行けば、定年後の人生を指南してくれる本がたくさん見られるようになりました。それだけ見ても、多くの人が自身の老後について高い関心を持っていることが窺えます。

一方、それらの本を読んで、「言っていることはわかるんだけど、いざ実践するとなると、むずかしいな……」と感じていらっしゃる方もまた、多いのではないでしょうか。

たとえば「子どもの頃にやりたかったことをやりましょう」「仕事で培ったスキルを活かせることをしましょう」と言われて、自分の内面と向き合う必要のある問いを差し出されたとき、「どういうふうに考えればいいかがわからない」とフリーズしてしまいませんか。仕事ひと筋で頑張ってきた人ほど、そうした傾向が強いように思います。

自分の感情にうまく向き合えないのは、なぜなのでしょうか。

本書が問いたいのはまさにこの部分です。

人は生まれてから成長していく過程で、知らず知らずのうちにある特定のものの捉え方を培っていきます。これは心理学でいう「認知」と呼ばれる情報処理システムのひとつで、「考え方のクセ」とよばれるものです。世界を見るための「フィルター」や「メガネ」といったようなものをイメージするとわかりやすいかもしれません。その人特有の考え方のクセは、長い時間をかけて形成されたものですから、一度身につくと変えることが難しいものです。

認知の中には、その人固有のものだけでなく、多くの人に広く共通するものもあります。詳しくは第3章でお話ししますが、**とりわけ社会人の、男性社会の中で生きていくために取られがちな認知のあり方は、自分の感情と向き合う邪魔をする作用がある**のです。

その認知は、「他人と親密な関係を築く」ことにも影響を与えます。

よく「男性より女性のほうが友達を作るのが上手」などと言われませんか。もちろん個人差はありますが、例えばワークショップなどで初めて会う人とすぐに打ち解けるのは、どちらかといえば女性のほうではないでしょうか。また、「定年後も会社に来る人」も、その多くが女性ではなく男性だといいます。

仕事での人間関係は「タテの人間関係」です。一方で、損得勘定のない、人との親密な関係性というのは「ヨコの人間関係」、水平的な関係です。タテの人間関係はとても合理的で楽ですが、キャリアや組織内での立場に依存しているので、退職すれば消滅してしまいます。今までタテの人間関係しか築いてこなかった人が、急にプライベートで他者と親密なヨコの人間関係を築くことは難しいはずです。その方法がわからないのですから。

そう考えると、定年後に元職場に来てしまう方というのは、タテの人間関係に固執し、新しいヨコの人間関係を築けずにさまよっている人と言えるかもしれません。

長い老後の時間を考えるというのは、仕事以外にやりたいことは何か、そのために誰とどういうふうに付き合っていきたいかを考えるということです。そのためにはまず、**知らず知らずのうちに培ってきた考え方のクセを正しく把握し、自分の感情と向き合うためのコ**

ツ、そして人と親密な関係を築くコツを知ることが不可欠なのです。
本書がお伝えしたいのはそんな「コツ」の数々です。

複雑に悩むよりシンプルに考える

前置きが長くなりましたが、ここで私自身の簡単な自己紹介をさせてください。

私は福岡県を中心に活動している臨床心理士です。心理学の講師やカウンセラーとして、いくつかの職場を掛け持ちして働きながら、執筆・講演活動も行わせていただいています。

先ほどもお伝えしたとおり、私は「認知行動療法」を専門としています。近年、アメリカでもっともポピュラーな心理療法として知られていることもあり、日本でもメディアで取り上げられる機会が増えてきたので、聞いたことはあるという方が多いのではないでしょうか。

しかし、「認知？　行動？　なんだか難しそうだな」「心理療法は、心を病んでしまった人のものでは？」と思われる方もいらっしゃるでしょう。詳しい説明は本文にゆずりますが、認知行動療法がどうして、老後不安や孤独の問題を考えるうえでヒントになるのでしょうか。

認知行動療法の方法をつきつめて表現するならば、

「複雑に悩むよりシンプルに考えましょう」

と言えるかもしれません。

この本を手にとっていただいた方は、ご自身の将来の不安に対して真剣に考えていらっしゃる方だと思います。ただ、一度考え始めると、悩みの迷宮に入ってしまう（だから考えないようにしている）という方も多いのではないでしょうか。

でも、**老後の不安と孤独感の問題は、ご自身の「認知」と「行動」を見つめなおすだけで、とてもシンプルに、どう付き合っていけばよいのかが見えてきます。ほんのちょっとのコツで、定年後の長い時間を充実したものにできるのです。**

私は日々患者さんと向き合う中で、認知行動療法の考え方は確かな効果があると感じてきました。かくいう私自身、認知行動療法に出会うことによって、悩みやすく、他人に振り回されやすい自分自身が変わっていきました。だからこそ、働き盛りの現役世代、定年を間近に控えた、あるいは定年して間もない方で、老後に漠然とした不安を抱いている方に、こんな考え方もあるということをぜひ知っていただけたら、と思っています。

２０２０年の新型コロナウイルスの流行で、多くの人が自宅に籠らざるを得ない生活を強いられました。その中で「外に出かけられないなら、自分は何をすればいいんだろう」と思った方や、リモートワークなどで職場に行く機会がいつもより減り、言い知れぬ寂しさを感じた方は多いのではないかと思います。本書の内容が、そんな方々にとって、漠然と未来に見える不安に輪郭を与え、少しでも老後の人生を豊かで実り多いものにするヒントになることを願っています。

あの人はなぜ定年後も会社に来るのか　目次

第1章
定年後の人生はどうなっているのか？

現在の60代は身体的に健康なのか

まずは定年後の不安の正体を知るうえで、現在の60代の現状を駆け足でご紹介し、どなたでもお持ちであろうご自身の老後像を、より具体的にイメージしていただければと思います。いきなり全国統計の数字や自殺者数などの話が出てくるので、「自分とは縁遠いな……」と思われるかもしれませんが、じつはこの10年で60代の現状は大きく変わっているのです。これらのデータは「私たちの定年後が今どうなっているのか」を知る手がかりとなりますので、少しの間お付き合いください。

まずは本書の対象とする60歳以上の人が令和元年にどのぐらい我が国にいらっしゃるのかをデータで見てみましょう。

厚生労働省が発表している年齢階級別人口の年次推移によると、60歳以上の人口は令和元年に4340万人で、これは全年齢の人口のうち34・4％にあたります。つまり、日本人の3人に1人が60歳以上ということです。

この割合は年々増加しています。60歳以上をいかに生きるかという問題は、多くの人にとっての関心事であるといえるでしょう。

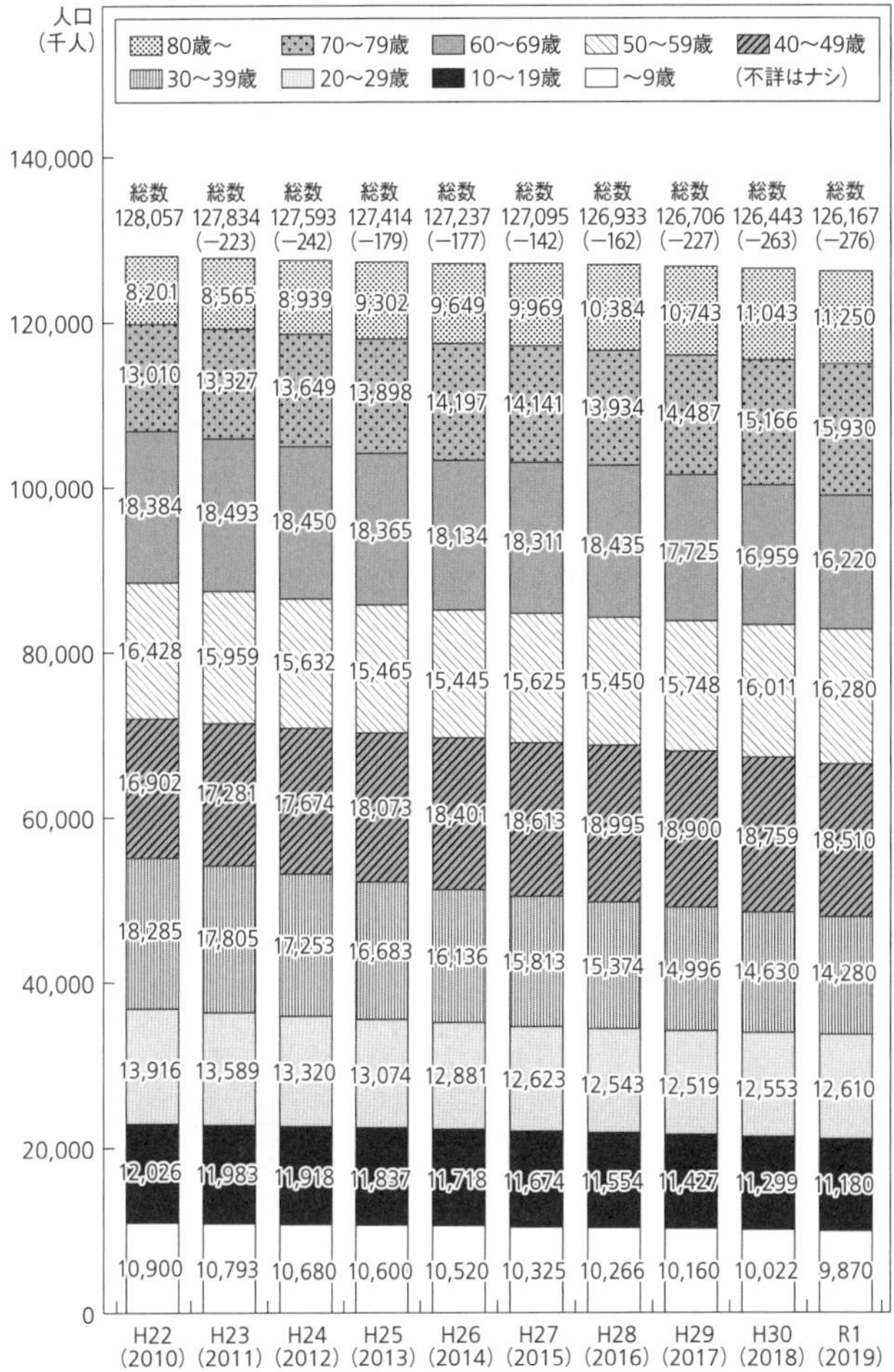
人口（千人）
80歳～ 70～79歳 60～69歳 50～59歳 40～49歳
30～39歳 20～29歳 10～19歳 ～9歳 （不詳はナシ）
140,000
120,000
100,000
80,000
60,000
40,000
20,000
0
総数 128,057
総数 127,834 (−223)
総数 127,593 (−242)
総数 127,414 (−179)
総数 127,237 (−177)
総数 127,095 (−142)
総数 126,933 (−162)
総数 126,706 (−227)
総数 126,443 (−263)
総数 126,167 (−276)
8,201 8,565 8,939 9,302 9,649 9,969 10,384 10,743 11,043 11,250
13,010 13,327 13,649 13,898 14,197 14,141 13,934 14,487 15,166 15,930
18,384 18,493 18,450 18,365 18,134 18,311 18,435 17,725 16,959 16,220
16,428 15,959 15,632 15,465 15,445 15,625 15,450 15,748 16,011 16,280
16,902 17,281 17,674 18,073 18,401 18,613 18,995 18,900 18,759 18,510
18,285 17,805 17,253 16,683 16,136 15,813 15,374 14,996 14,630 14,280
13,916 13,589 13,320 13,074 12,881 12,623 12,543 12,519 12,553 12,610
12,026 11,983 11,918 11,837 11,718 11,674 11,554 11,427 11,299 11,180
10,900 10,793 10,680 10,600 10,520 10,325 10,266 10,160 10,022 9,870
H22 (2010) H23 (2011) H24 (2012) H25 (2013) H26 (2014) H27 (2015) H28 (2016) H29 (2017) H30 (2018) R1 (2019)
資料：総務省「人口推計」及び「国勢調査」より厚生労働省作成

年齢階級別人口の年次推移

そんな高齢者の入り口である60代について、

「最近の60代は若々しくて、まだまだ元気で働ける」

そんな声を耳にしませんか？

私の祖母が60代のときにはすでに入れ歯でしたし、髪型も服装も、いわゆる「おばあちゃん」でした。祖母は6人も子どもを産みましたし、戦時中にも教師として赤ん坊をおぶって授業をしていたような人でした。そうした苦労もあって、実年齢より老けて見えていたかもしれません。しかしそうしたことを差し引いても、今の60代はアクティブです。山登りを楽しみ、スポーツクラブで朝からエアロビクスを楽しむ人もいます。海外旅行に出かける人もいれば、趣味が高じて家を手作りしてしまう人までいます。

さて、実際にデータの上でも今の60代は健康なのでしょうか？

平成29年の厚生労働省の年齢階級別に見た受診率（人口10万対）の年次推移（平成29年患者調査）によると、この10年で65歳以上の外来・入院は、年々ともに減少していることがわかります。食生活や運動面などにおける健康志向も多くの世代で年々高まっていますので、確実に身体的な健康は増進されていると言えるでしょう。

ちなみに、同じ調査で、40代以降で共通して見られる患者の特徴があります。それは、入院患者では男性が女性よりも多く、外来患者では女性が男性よりも多いということです。原因は様々に考えられますが、男性の病気は重症化しやすい（もしくは重症化するまで病院にかからない）一方、女性は早めに受診している、といったことが考えられるでしょう。

とはいえ、現在の60代は10年前に比べると、身体的に健康になってきていると言えます。

身体の健康は、心にも大きな影響を及ぼします。原因別の自殺者数の統計（28ページの令和元年における厚生労働省年齢階級別、原因・動機別自殺者数の内訳）を見ると、60代の自殺の原因の1位は「健康問題」で、半数以上に及んでいます。自殺の原因は明確でないものが多く、複合的であると言われますが、この「健康問題」には、身体的な健康だけでなく、精神的な健康も含まれています。なかなか治らない身体の痛みや不自由さや、体の機能を喪失していくことから、気持ちが塞ぎ込み、消極的になってしまうなどの一連の流れがあるようです。

なぜ60代は精神的にも健康になったのか？

では、身体的な健康が保たれている現在の60代は、精神的にも健康なのでしょうか。

警察庁が公表している平成22年度から令和元年度までの自殺者数の推移（次ページ）を見

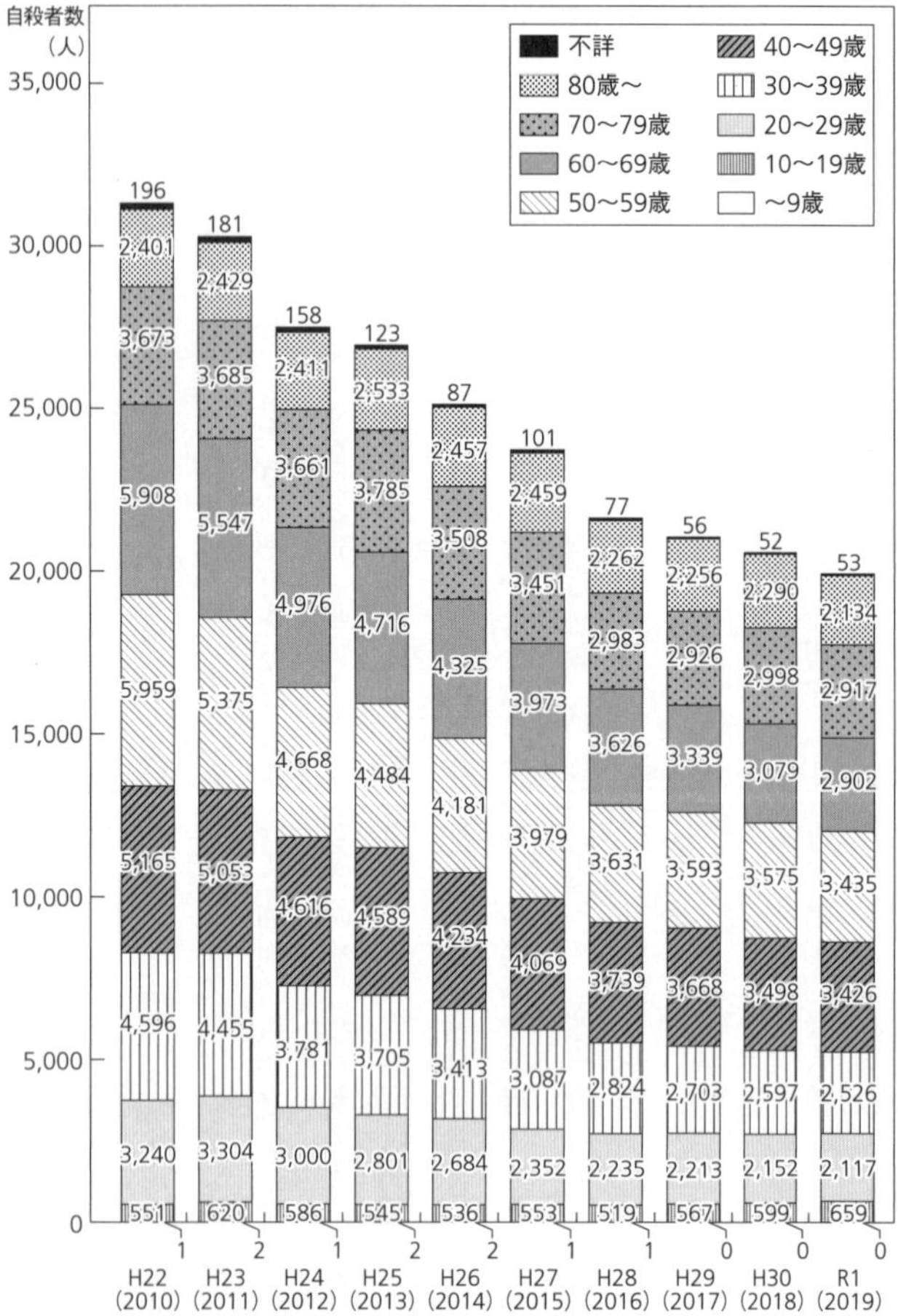

資料：警察庁自殺統計原票データより厚生労働省作成

年齢階級別自殺者数の年次推移

ると、令和元年の自殺者数は2万169人となり、対前年比671人（約3・2％）減となっています。これは10年連続の減少となり、昭和53年から始めた自殺統計の中では過去最少です。

男女別にみると、男性の自殺者数は女性の約2・3倍ですが、年々減少傾向にあります。中でも40〜60代は10年連続で減少しています。令和元年はその前年と比較すると、60代が最も大きく減少し、177人の減少となっています。

以上から、現在の60代は身体的な健康だけでなく、精神的な健康も保たれているといえるでしょう。

それでは、なぜ60代がこれほど、身体的にも精神的にも健康になったのでしょうか。

定年延長が及ぼした影響

それを知るためには、この5年ほどの、60代を取り巻く環境に注目してみるとよいでしょう。

私が注目している要因は、定年の延長です。本書を執筆している令和2年時点で最も新しいデータによると、65歳以上で働き続けている人は892万人（24・9％）にも上ります。

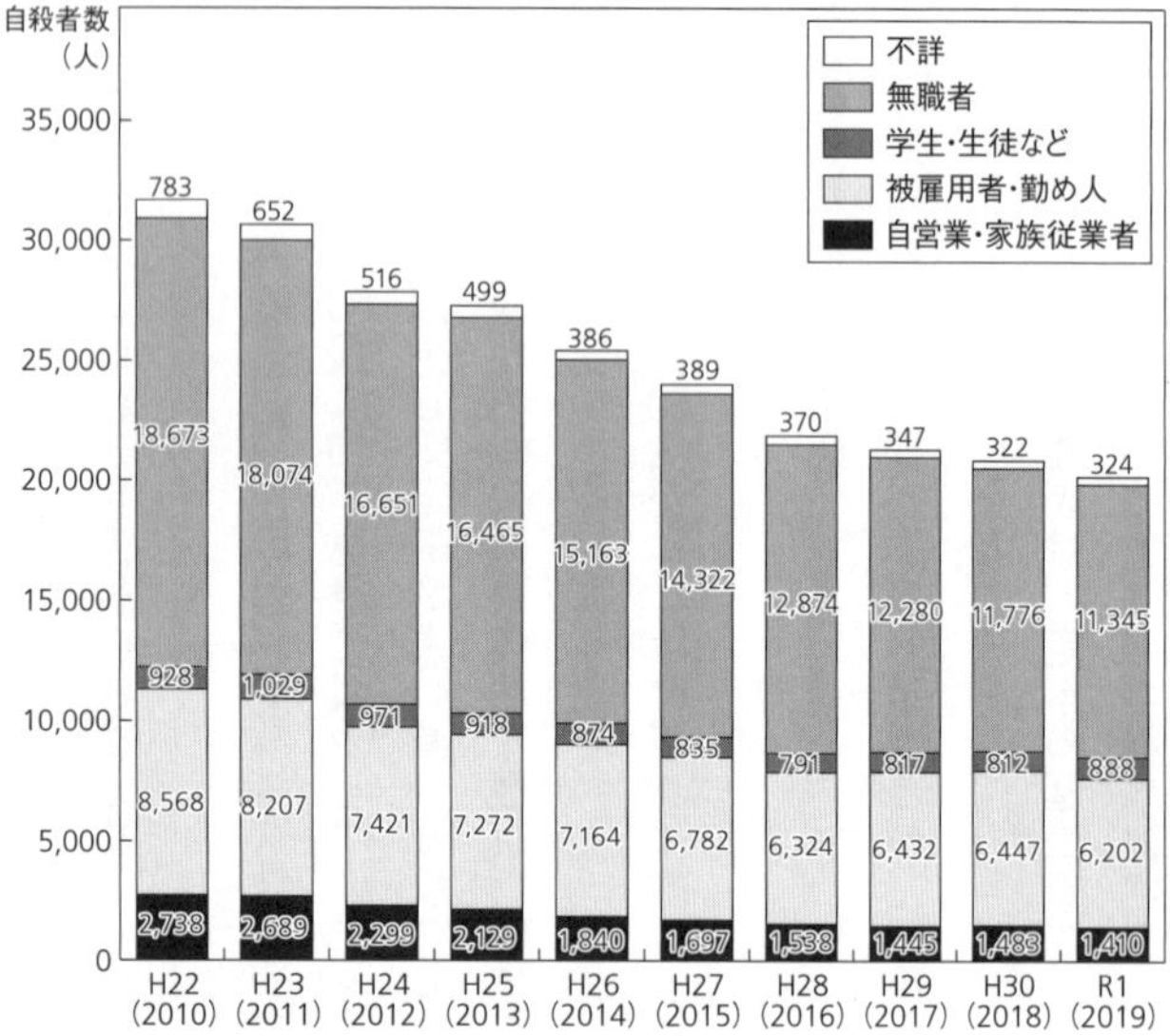

資料：警察庁自殺統計原票データより厚生労働省作成

職業別自殺者数の年次推移

男女比はおよそ6：4で、男性のほうがやや多いものの、全体としてこの世代がいかに働き続けているかがわかるでしょう。そこには経済的な問題もあるのかもしれませんが、この5年で働き続けている元気な65歳以上は、じつに235万人も増加したのです。

定年の延長が、なぜ身体的・精神的健康と関係するのでしょうか。

自殺者の職業別の年次推移データ(上表)を見ると、10年前も今も仕事を持たない人は、仕事をしている人よりも自殺する人の数が2倍ほど多いことがわかります。

そして、この10年は連続して無職の人の自殺者数が大きく減少していることもわかります。このグラフは自殺者数の割合ではなく自殺者の実数ですから、前述したようにこの5年で無職の方の人口が65歳以上だけで235万人減ったことも合わせて考えると、決して無職の人が自殺しなくなったのではなく、自殺する人の数自体が減っているという見方もできます。

つまり、仕事を持つことで、食い止めることができている自殺があると言えるでしょう。では、それがもし正しいとしたら、現在の60代の方が働くのをやめたとき、つまり70代になったとき、どうなるのでしょうか。仕事がなくなると、精神的な健康を失ってしまうのでしょうか。

問題は先送りされただけ

人によって定年の年齢はさまざまですが、「精神的な健康は70代になって損なわれるのか」を考えるひとつの指標として、自殺者の数に注目してみたいと思います。次ページの表は70代の自殺者数のデータ(厚生労働省が発表している年齢階級別、原因・動機別自殺者数)です。

原因・動機別＼年齢階級別		～19歳	20～29歳	30～39歳	40～49歳	50～59歳	60～69歳	70～79歳	80歳～	不詳	合 計
合 計	計	618	2,130	2,612	3,669	3,678	2,840	2,880	1,949	5	20,381
	男	385	1,438	1,894	2,649	2,632	1,990	1,789	1,118	5	13,900
	女	233	692	718	1,020	1,046	850	1,091	831	0	6,481
家庭問題	計	116	224	435	590	528	393	434	319	0	3,039
	男	70	137	267	389	325	254	242	186	0	1,870
	女	46	87	168	201	203	139	192	133	0	1,169
健康問題	計	138	679	979	1,490	1,587	1,596	1,960	1,430	2	9,861
	男	66	362	605	887	942	987	1,181	821	2	5,853
	女	72	317	374	603	645	609	779	609	0	4,004
経済・生活問題	計	11	341	474	750	880	577	302	57	3	3,395
	男	6	303	440	660	778	509	238	43	3	2,980
	女	5	38	34	90	102	68	64	14	0	415
勤務問題	計	26	367	385	513	464	148	40	6	0	1,949
	男	19	283	343	464	426	136	37	3	0	1,711
	女	7	84	42	49	38	12	3	3	0	238
男女問題	計	63	237	187	153	64	14	7	1	0	726
	男	32	130	121	108	49	9	5	0	0	454
	女	31	107	66	45	15	5	2	1	0	272
学校問題	計	202	144	8	1	0	0	0	0	0	355
	男	146	117	5	1	0	0	0	0	0	269
	女	56	27	3	0	0	0	0	0	0	86
その他	計	62	138	144	172	155	112	137	136	0	1,056
	男	46	106	113	140	112	95	86	65	0	763
	女	16	32	31	32	43	17	51	71	0	293

令和元年における年齢階級別、原因・動機別自殺者数の内訳

　令和元年の70代の自殺者数は２８８０人で、男性は女性の約１・６倍でした。これは自殺者数がピークの50、40代に続いて３番目の多さです。また、他の世代において自殺者数が年々減っているのに対し、70代では前年比で増えている年もあることが特徴と言えるでしょう（24ページのグラフ参照）。

　原因別では68・１％が「健康問題」（全世代の中で最多）、「家庭問題」（15・１％）「経済・生活問題」（10・５％）と続いています。「健康問題」は、身体の病気や

原因・動機別＼年齢階級別		～19歳	20～29歳	30～39歳	40～49歳	50～59歳	60～69歳	70～79歳	80歳～	不詳	合 計
「その他」の合 計	計	62	138	144	172	155	112	137	136	0	1,053
	男	46	106	113	140	112	95	86	65	0	763
	女	16	32	31	32	38	17	51	71	0	293
犯罪発覚など	計	4	9	35	64	38	19	11	3	0	183
	男	3	8	33	60	36	19	8	2	0	169
	女	1	1	2	4	2	0	3	1	0	14
犯罪被害	計	1	0	1	2	1	0	0	1	0	6
	男	1	0	0	1	1	0	0	0	0	3
	女	0	0	1	1	0	0	0	1	0	3
後追い	計	2	8	6	3	15	15	16	7	0	72
	男	1	5	4	3	7	12	10	6	0	48
	女	1	3	2	0	8	3	6	1	0	24
孤独感	計	14	26	42	38	42	31	60	77	0	330
	男	9	20	31	28	28	24	35	34	0	209
	女	5	6	11	10	14	7	25	43	0	121
近隣関係	計	0	2	6	6	6	7	13	3	0	43
	男	0	1	4	3	3	5	8	1	0	25
	女	0	1	2	3	3	2	5	2	0	18
その他	計	41	93	54	59	53	40	37	45	0	422
	男	32	72	41	45	37	35	25	22	0	309
	女	9	21	13	14	16	5	12	23	0	113

右ページ表の自殺の原因・動機「その他」の内訳

身体障害に関係するものが半数弱、また半数弱に精神疾患がみられました。その他、孤独感や近隣関係による自殺が、この世代でピークを迎えているのも大きな特徴です。

これと同じ調査の、5年前の平成26年のデータと比較してみると、令和元年の調査では、自殺の原因の割合では大きな割合ではないものの、「孤独感」という項目は、全世代の中で70代以降の年齢層でピークがみられています。これは5年前の調査では、60代でピークが見られていました。

このデータから読み取れるのは、この5年で定年が延長され、働く人が増えて、60代の身体的・精神的健康が保たれるようになった一方で、定年を迎えた70代になると、健康問題や孤独感の問題に直面する可能性です。

このことは、こうも言えるかもしれません。**定年の延長で、健康問題や孤独感といった問題が先送りされただけなのだと。**そう考えると、「70代からの時間をどう過ごすか」が、次の課題になるという見方もできます。

仕事という「合理的なシステム」

よくよく考えてみると、仕事ほど合理的なシステムはありません。

朝起きて、身支度を整え、時間通りに外へ出て、社会のためになることをする。これらを動機づけて毎日のリズムを作ってくれるのが「仕事」です。仕事があれば、私たちは「生きている意味」を見いだしやすくなります。

職場では「課長」「部長」「代表取締役」などという肩書をもらえます。その肩書があれば、自分に対して「ちゃんとやれている」という感覚を持つことができるでしょう。自分に自信のなかった人でも、肩書をもらってから振る舞いが変わるという、いわゆる「立場が人を作る」といった言葉を一度は耳にしたことがあるはずです。

また、肩書は相手に自分のことを素早く知ってもらうことにも役立ちます。相手が自分のこれまでの業績を詳しく知らなくても、肩書さえあれば「きっと立派なことを成し遂げてきた人なんだろうな」と思ってもらえます。まるで水戸黄門の印籠のように、自分の価値を一瞬にして高めてくれるのです。さらに、肩書があることで相手との関係がわかりやすく決まります。「立場が上なのはこの人で、もう一方はこの人より下」といった明確な上下関係が提示されていれば、そこに難しい推測は不要で、お互い省エネですみます。型通りに関係を築いていけばよくなるわけです。

また、仕事では「評価」をもらえます。「給料」もお金というわかりやすい報酬です。また、「業績」「昇進システム」「上司からの褒め言葉」なども評価です。仕事以外の場面でこれほどわかりやすく評価がもらえる場面はそう滅多にないため、仕事にのめり込む人は多くいます。仕事以外の評価機会として近年注目を集めているのは、SNSの「いいね！」やフォロワーの数、YouTubeのチャンネル登録者数や再生回数などでしょうか。これらに多くの人が夢中になっているのも似た現象でしょう。

そして、仕事は時に「居場所」にもなります。プライベートで嫌なことがあったときに、仕事に没頭することで現実逃避できた経験のある方はいませんか？　そのときに、「ああ、仕事があってよかった。仕事は私を裏切らない」と確信したかもしれません。このように、仕事という〝頑張れば応えてくれるシステム〟は、頑張っても必ずしも報われるわけではないプライベートの複雑な人間関係よりも、よほど頼りになる一面があるようです。最近は大型連休が増えましたが、連休明けに「何をやったらいいかわからなくて、ついつい仕事しちゃったよ」なんて口にする人を見たことはありませんか？　家族旅行で新幹線を使って旅先に向かうときに、「この時間を有効に使えそうだ」とノートパソコンを取り出してつい仕事をしてしまったというような話も聞いたことがあります。日頃ゆっくり家族と過ごす暇がなく、いざ何時間も一緒に同じ空間にいると、何をしていいかわからなかったのでしょう。ある意味、この方は家庭の中に居場所がなかったのを、「仕事が忙しいから、新幹線でも仕事するよ」という合理的な言い訳でごまかしているのです。

しかし、定年を迎えると、そうもいかなくなります。そうした免罪符は、70代になるとなくなってしまうのです。私たちはその後どうしたらいいのでしょうか。

「なんのために働いてきたんだろう」

70代で退職した男性Aさんの話を例に、このことを考えてみましょう。

Aさんは若い頃に大手予備校に就職し、長年物理の講師として働いてきました。

学生時代から勉強が大好きで、勉強すれば親が褒めてくれるので、成績には誇りを持っていました。大学生になり、就職を考える時期には、特になりたい仕事もなく、「物理が好き」ということだけは明確だったため、当時のアルバイト先だった予備校にそのまま就職することにしました。

Aさんはいわゆる仕事人間で、授業に工夫を凝らして働きました。20代半ばで結婚して、二人の子どもに恵まれましたが、予備校はたいへん忙しく、県外への出張授業も多かったため、子育てにはほとんど参加した記憶はありません。専業主婦の妻は、ひとりで必死に我が子を育てました。子どもたちが小学生になると、土日こそ忙しい予備校の仕事で、家族とは完全にすれ違いの生活になりました。家庭を顧みないAさんでしたが、その時代にはAさんはごく標準的で、典型的な夫でした。

Aさんは、元来のおとなしい性格ではなかなか人気の講師になれないため、授業の仕方を研究し、教材作りにも懸命に工夫を重ねました。そんな努力の甲斐あって、やがてAさんのもとには熱心な受験生が集まり、慕われるようになりました。受験生の指導にはとくに熱意を持っていて、教え子が大学に合格すると大きな喜びを感じていました。

さて、そんなAさんもベテランとなり、65歳で定年を迎えます。定年後には非常勤講師として同じ予備校に雇ってもらえました。子どもたちはそれぞれ大学生になって家を出て、そのまま結婚し、県外に暮らすようになりました。Aさんは妻と二人暮らしの生活になりましたが、仕事があるうちには、あまり生活の変化を実感しませんでした。

しかし、67歳でAさんに転機が訪れます。

喉にポリープが出来たのです。長年予備校で喉を酷使したからでしょうか。原因はわかりませんが、Aさんは昔のように声を出せなくなりました。その治療のために通院を始めましたが、症状はよくならず、退職を余儀なくされることになります。

Aさんは、まだまだ働き続けるつもりだったようです。ですから、こんなに急に退職することになるとは夢にも思いませんでした。

退職した後のAさんの生活は、寂しいものでした。

妻は朝からスポーツクラブへ通うため、9時には家を出ます。それから夕方まで帰宅しません。Aさんは朝起きてもすることがないので、11時頃に起床して、誰もいないリビングのソファーに座ります。しんと静まり返っている室内は虚しいので、すぐにテレビをつけます。ワイドショーでは似たような話題が繰り返され、何を見ても楽しくありません。

あれほど慕われていた人気講師だったのに、Aさんの携帯には誰からも連絡がありません。毎日メールの返信がおっくうになるほど多くのメールがきていたのが嘘のようです。こんなふうに一人でいると、世界の誰からも必要とされていない気さえしてきます。

「俺はなんのために働いてきたんだろう」

「仕事していない俺なんて、誰も必要としていないんじゃないだろうか」

深いため息をつくばかりです。

退職したら旅行にいきたい、趣味を何か見つけたいと張り切っていたのですが、なぜだか全く意欲が湧いてこないのです。

Aさんは架空の人物ですが、このような事例は珍しくありません。退職後の生活でAさんのような孤独感を持つ男性は多くいらっしゃいます。

どうしてAさんは、こんな孤独感にさいなまれることになってしまったのでしょうか。

そして、この孤独感とどう向き合っていけばよいのでしょうか。

次章では、この「孤独感」がキーワードです。「孤独感」という言葉に注目して、このことがどのように研究されてきたかをご紹介したいと思います。

第2章

老後の孤独感の正体

孤独は定年後だけの問題ではない

前章で、不測の事態によって退職を余儀なくされてしまったAさんの事例を見てきました。仕事をリタイアしたAさんは、なぜ急に孤独にさいなまれるようになってしまったのでしょうか。

まずは、孤独感という言葉に注目してみましょう。

孤独感(loneliness)とは、心理学では次のように定義されています。

「自分自身が孤独やひとりぼっちであること、あるいは、そう知覚されたことによる感情的で認知的な不快感や不安のこと」

(『APA心理学大辞典』、G.R.ファンデンボス監修、繁桝算男・四本裕子監訳、2013、培風館)

この定義からわかるように、孤独感とは、ひとりでいるという状態だけを指すこともあれば、そばに仲間はいて物理的にひとりぼっちではないけれど、心理的に「ひとりだなあ」と感じることも孤独感なのです。教室や職場で、周りに人はたくさんいるのに、「誰にもわかってもらえない」「本音を言えない」と考え、孤独感をもった経験のある人も多いのではないでしょうか。

そう考えると、心の孤独は何も定年後に急に浮上してくる問題ではなく、もともと水面下にある問題といえるかもしれません。

孤独感というと、みじめで恰好悪いことだと思われる方もいるかもしれませんが、そんなことは決してありません。実は多くの人が感じていることです。

少し自分の心に正直になって（誰にも邪魔されずにそれができることが本のいいところです）、今のご自身がどのぐらいの孤独感をお持ちか、ちょっとした測定をしてみましょう（次ページ）。あまり身構えず、軽い気持ちでやってみてください。


いかがでしたか。丸をつけた数字がそのまま得点になります。合計で何点だったでしょうか。

男女合わせた平均は42点。男性が44・0点、女性が40・6点です。得点が高いほど自分が孤独だと感じていることになります。回答者の平均年齢が73・6歳であったことを合わせて考えると、70代男性は同年代女性と比較して、孤独を感じているといえます。

	決してない	ほとんどない	時々ある	常にある
1 自分は周りの人たちの中になじんでいると感じますか	4	3	2	1
2 自分には人との付き合いがないと感じることがありますか	1	2	3	4
3 自分には頼れる人が誰もいないと感じることがありますか	1	2	3	4
4 自分はひとりぼっちだと感じることがありますか	1	2	3	4
5 自分は友人や仲間のグループの一員だと感じることがありますか	4	3	2	1
6 自分は周りの人たちと共通点が多いと感じることがありますか	4	3	2	1
7 自分は誰とも親しくしていないと感じることがありますか	1	2	3	4
8 自分の関心や考えは周りの人たちにはわからないと感じることはありますか	1	2	3	4
9 自分を社交的で親しみやすいと感じますか	4	3	2	1
10 自分には親しい人たちがいると感じますか	4	3	2	1
11 自分は取り残されていると感じることがありますか	1	2	3	4
12 他人との関わりは意味がないと感じることがありますか	1	2	3	4
13 自分のことを本当によく知っている人は誰もいないと感じることがありますか	1	2	3	4
14 自分は他の人たちから孤立していると感じることがありますか	1	2	3	4
15 希望すれば自分と気の合う仲間は見つかると感じますか	4	3	2	1
16 自分を本当に理解している人がいると感じますか	4	3	2	1
17 自分は内気であると感じますか	1	2	3	4
18 周りの人たちと一体感がもてないと感じることがありますか	1	2	3	4
19 話し相手がいると感じますか	4	3	2	1
20 頼れる人がいると感じますか	4	3	2	1

日本語版UCLA孤独感尺度

出典：日本語版UCLA孤独感尺度（第3版）（舛田ゆづり、田高悦子、臺有桂「高齢者における日本語版UCLA孤独感尺度（第3版）の開発とその信頼性・妥当性の検討」(2012) 日本地域看護学会誌, 15 (1) , 25-32.）

孤独は悪いことなのか？

孤独感は、心理学の分野では早くから注目されたキーワードでした。

社会心理学では、孤独感とは「親和と交友に関する生得的欲求が満たされない結果として生じる情動的な苦悩」と定義されます。平たく言えば「人と交わりたい」という思いが満たされない苦しさ、といったところでしょうか。どちらかといえばネガティブなものとして捉える向きがあります。

少し専門的な話をすると、認知心理学では、孤独感とは「個人の欲求と実際の社会関係との間に知覚された不協和（量的あるいは質的な欠乏）の結果として生じる不快感と不安定」とされ、「本当はこの人と毎日でも会いたいのに、週に一度しか会えない」といったような、自分が欲する人との接触の量や質と、実際のマッチングに焦点が当たっているようです。ここでも孤独感はネガティブなものとして捉えられています。

実存的、あるいは人間性心理学では、人間存在の苦悩の一部であり不可避なものとして孤独感を捉え、それにもかかわらず「自覚状態や自己革新を促進させるもの」とされ、孤独感が人を成長させる側面もあると捉えているようです。たしかに人が成長するときには、自分のことを見つめる孤独な時間も必要です。そうした、どんなに親しい仲でも、その人の問題をすべて代わってあげられないような、そもそも人間が生まれたときから持っている孤独という状態が私たちにはあります。それに気づいた後のほうが、親しくしていることに感謝できたり、うまく関係が続けられたりといった経験はないでしょうか。

本書でも、孤独感に対しては、苦悩を少しでも減らすために孤独な状態をそもそも作らずに親密で豊かな人間関係を築く方法をご紹介しながらも、一方で、自分が感じている孤独感を無視しないで自分を見つめ、自分で孤独を癒す方法をお示ししていきたいと思っています。

孤独感が高齢者の心身に及ぼす影響

心理学の研究では、以前から高齢者は孤独感を感じやすいことが指摘されてきました。孤独感は、自殺原因の割合でいけば、「健康問題」と比べて直接の原因とはいえません。しかし、「健康問題」のうち「精神の問題」には直結するため、注目する価値があるでしょう。

高齢者においては、孤独感は、生活満足度、認知機能、主観的健康感、抑うつ、心疾患の発症、早期死亡、自殺リスクなど、数多くの健康リスクと関連することがすでに明らかになっています。

たしかに、70代、80代と年齢を重ねると、友人や家族など周囲の人を「死」という形で喪《うしな》い、物理的に孤独感を覚えることも多いでしょう。しかし、そうした事実をどう受け止めるか、孤独な状態となった人生とどう付き合っていくかについては、まだ変えられる余地がありそうです。

孤独な状態になることは避けられないとしても、せめてそれが他のリスクを引き起こさないようにできないだろうか――。それが、私が本書を書くに至った動機のひとつです。

孤独を辛いと感じる人とそうでない人の違い

同じ退職後の方でも、人生を謳歌している人と、孤独感にさいなまれている人がいます。両者は何が違うのでしょうか。

ここでは、高齢者の孤独感について最新の研究からわかっていることを紹介します。ある研究者は、相談できる専門職がそばにいること、経済的自由のあること、地域活動へ参加することが、孤独感を和らげていることを明らかにしました。

たしかに、介護の問題などを相談できるケアマネージャーの存在は安心感をもたらしてくれそうですし、誰かと会って食事に行くにも旅行に行くにも、お金がかかります。中には「人に会いたいけど、飲みに行くお金がない」と、不本意ながら引きこもってしまう人もいます。そのくらい孤独感は経済的な問題と関連しています。反対にお金にあかして多くの買い物をして、話し相手は店員さんばかりという方もいます。

一方、小学校の交通安全の指導をされている高齢者の方、公園の花の手入れのボランティアをされている方、公民館行事の手伝いをなさっている方は、皆さん生き生きとされていますね。こうした地域活動への参加は、「自分の役割」「誰かの役に立っている感覚」を生み出すため、孤独を感じずにすむのでしょう。

そして、単にサポートがあればいいというわけでなく、情緒的一体感の持てる親密な関係にある人の数で孤独感と抑うつ傾向が決まることを示した研究もあります。自分の胸に手を当ててみても、たしかにそうです。表面的な人付き合いではなく、「この人とつながれているなあ」という感覚があれば、温かい気持ちになれるものです。

また、孤独感には性差や学歴、健康状態が関連していることが明らかになっています。ある研究では、孤独感は男性のほうが女性より強いこと、学歴の低い人のほうが高い人よりも孤独を感じていること、仕事のない人のほうが、仕事のある人よりも孤独を感じていること、健康状態の悪い人のほうが、健康状態が良好な人よりも孤独を感じていること、近所付き合いのない人は、付き合いのある人よりも孤独を感じていること、子ども家族や友人と会う頻度が少ない人のほうが、多い人より孤独を感じていることが示されました。

どれも「なるほどなあ」という結果でしょうか。

私にとっては、男性のほうが孤独なのはなぜだろう？　という疑問が残りました。

もう少し男性の孤独感に注目してみましょう。同じ研究者の調査では、男性において、学歴が低く、自分の健康についての自己評価が低く、近所付き合いがなく、子ども家族と会う頻度が少なく、友人が少ない人ほど、孤独を感じていることが明らかになりました。ちなみに女性では、学歴や健康は孤独感に影響していません。

学歴が低いことへのコンプレックスが人を遠ざけるのでしょうか。学歴が高い人ほど同窓会で自慢話をしたがるという話も耳にします。また、かつての同級生と、社会人になって、社会的地位が違うようになってからは話しづらくなったという話も聞きます。

男性のほうが肩書を重視したり、タテ社会の人間関係の構造を内面化しているため、そうした上下関係に敏感なのかもしれません。また、自分の健康に自信がないときには、人付き合いを控える傾向もあるかもしれません。

女性の私は逆に、「今、体調が悪いから助けて」と人を求めてしまうような気もします。

このあたりは社会的な性役割の違いで、他人への援助を求めにくい男性の心理があるのでしょうか。つまり「弱った姿を見せたら、みっともない。馬鹿にされそう」といったような、警戒する気持ちがあるのかもしれません。

男性の孤独感には、女性とは別のメカニズムがありそうです。

男性は社会に生きがいを求めるけれど、外に出る人はわずか

ある高齢者を対象にした調査では、女性高齢者が「自分を高める」活動によって精神的健康が得られているのに対して、男性高齢者は「社会貢献」「主体性」とその「頻度」が高い活動を通して精神的健康を保っていることを明らかになりました。

つまり男性は社会に主体的、かつ高頻度で関わり、貢献することで、自分の精神的健康を保っているといえます。にもかかわらず、民間や公的機関の行うカルチャースクールなど社会的活動への参加率は、女性と比較して男性のほうが統計的に有意に低く、75・1%がこうした学習活動やグループ活動に参加していないこともわかりました。

合わせて考えると、男性高齢者が社会に貢献したい気持ちを持ちながらも、実際にはなかなか外に出ずに、精神的な健康を保てていない様子がうかがえます。この背景には、仕

事という形で社会に貢献してきた男性が、退職後どのように社会の中に自分を見出していけばいいかわからず、戸惑う姿が想像できます。

社会を求めながら退職により社会に居場所をなくした男性たちも、家庭の中で居場所があればまだいいのです。しかしこの調査では、次のようなことも明らかになっています。家庭の中で孤立感(何人家族であるかというより本人の主観的な孤独感)の強い人は、友達からのサポートや信頼関係が精神的健康を保持するというのです。つまり、退職後の男性で、妻に先立たれ、子どもたちは独立して遠方に住む……といった状況で、たとえば社会的な活動に参加していなくても、友達の存在があれば孤独感は減るし、精神的に健康でいられるというわけです。これはわかるような気がします。

認知行動療法とは何か?——「認知」編

これまで多くのデータを挙げて述べてきました。明らかになったのは、退職する70代以降は、身体的・精神的健康や孤独感が悩みとなる可能性が高いことです。そして、その孤独感に対処するためには社会的活動に参加したり、友人との信頼関係を築いたりするのがよさそうだということです。

そこで本書では、①退職後にそれまでの人間関係が途切れ、物理的に孤独な状態に陥ってしまうのを防ぐために、若いうちから親密な友人関係を築いていく方法と、②それでも退職後訪れる孤独の状態に対して、それをどのように捉え、どのように付き合っていけばよいかを「認知行動療法」の考え方を通してご紹介していきたいと思います。

かくいう私もまだ40代。本書の執筆にあたり、未知なる年齢層の方々にインタビューを行いながら、手探りの状態です。これ以降の章では、この2つの方向性に沿って、私の専門領域の技法をご紹介していきます。

その前に、少しだけ「認知行動療法」について説明しておきましょう。

認知行動療法について、皆さんはどのくらいご存じでしょうか。認知行動療法とは、大ざっぱにいうと、「認知」と「行動」に注目して、それらとうまくつきあえるようにする心理療法の一種です。

認知とはどういうものか、行動とはどういうものかをひとつずつ説明しましょう。

認知行動療法の「認知」とは、もともと人間の情報処理のプロセスを表す言葉です。たとえばりんごが目の前にあるときに、赤い丸の情報が網膜から入力されて、脳に運ばれます。私たちはそれを「りんごだ」と認識し、「あ、お腹がすいた。美味しそうだな。食べたいな。食べていいかな？　って聞いてみよう」などと判断するわけです。そして最後に「ねえ、そのりんご食べていいの？」などと出力します。この入力と出力の間にある、体の中で起きているプロセスが「認知」です。

認知行動療法では、この認知の中でも「考え方」にとくに注目して、カウンセリングを進めていきます。たとえば就職活動のときに、第一志望の会社の最終面接までこぎつけたとしましょう。全力で挑んだにもかかわらず、「不採用」の通知が届いたとき、あなたならどのように思いますか。

「ああ、やっぱり自分には無理な会社だったんだ」

と考えて、がっかりするでしょうか。

「残念。でも仕方ないか。別の企業を受けてみよう」

と未来のことを考え始めるでしょうか。

「期待させるだけさせといて。もうあんな会社、こちらから願い下げだ」

と会社に対して怒るでしょうか。

同じ出来事を経験しても、これだけ考え方のバリエーションがあるわけです。その結果、生まれる感情もそれぞれです。

このように書くと、まるでプラス思考を勧めているように読めるかもしれません。「はいはい、わかるよ。別の企業受けようって考えるのがプラス思考なんでしょう。そうなれるように考えを修正すればいいんでしょう」などと、お説教されているような気持ちになる方もいらっしゃるかもしれません。

誤解なくお伝えしたいのは、認知行動療法が目指すのは、プラス思考になることではありません。なぜなら、この就職活動の例で言うならば、不採用の理由があきらかになっていない状況で、プラス思考がベストとは言えないからです。大事なのは、考え方がプラスかどうかではなく、現実を正しく捉えられているか、自分にとって役立つような考え方ができているかどうかなのです。面接で自分のことをちゃんとアピールできていなかったとか、企業研究が不足していたとか、他にもたくさんの心当たりがある場合には、「自分はできていないなあ」と考えて落ち込むほうが適応的なわけです(もっとも、落ち込みすぎて就職活動をやめてしまうのは不適応ですが)。また、この企業からの不採用だけでなく、その後の就職活動全般にも失望し、最後には「私は社会から必要とされていない」と考えるのは、気持ちは痛いほどわかりますが、自分にとって役に立つ考えとは言えません。

まとめると、認知行動療法では、認知の中でも考え方に注目して、

(1)現実を正しく捉えているかどうか（妥当性）

(2)自分にとって役立つかどうか（有用性）

の2つのポイントから検討します。

そして、考え方を変えるというよりは、「わ、またいつもの考えのせいで、取り越し苦労をするところだった」とか、「おっとあぶない。やけくそになるところだった。ひと息つこう」などのように、考えと少しだけ距離をおけるようになることを目指します。

認知行動療法とは何か？——「行動」編

次に「行動」について説明します。心理学でいう「行動」は、一般的に使われている「行動」という言葉に比べて、幅広い概念を指しています。歩くとか走るとかいうわかりやすいものだけじゃなくて、「苦手な人を避ける」とか「いつもなら入るはずのお風呂に入らない」とか「仕事が手につかず上の空」などの、あまり表面上は動いてみえない行動も重要になります。

皆さんは辛いとき、どんなふうに過ごしますか？　誰にも会わずに家に引きこもるタイプでしょうか？　お酒を飲んで気分を晴らす方もいらっしゃるかもしれません。それとも人恋しくなって、誰かに思いきり甘えるという方もいらっしゃるでしょうか。中にはひたすらジョギングをして汗をかき、気分転換するという方もいらっしゃるかもしれません。行動のパターンは人それぞれです。

ポイントは、ご自分の行動パターンに気づくことで、逆に他の行動のレパートリーを見逃しているのにも気づけるということです。たとえば、これまで辛いときにはひたすらひとりで閉じこもるパターンだった人が、ひょんなことから友達に悩みを打ち明けることになると、実は友達にも似た悩みがあって、解決したわけではないけれど心強くなったということも、そんなに珍しい例ではありません。認知行動療法では、あなたの行動パターンに気づいて、悩みの解決につながり、もっと気持ちがラクになる行動を選べるようになることを目指します。

少し長くなりましたが、認知行動療法は、このように考え方と行動パターンに注目して、つらい気持ちを少しでもラクにして、直面している問題を解決するのに役立つ方法なのです。

第3章
あなたを支配する「考え方のクセ」

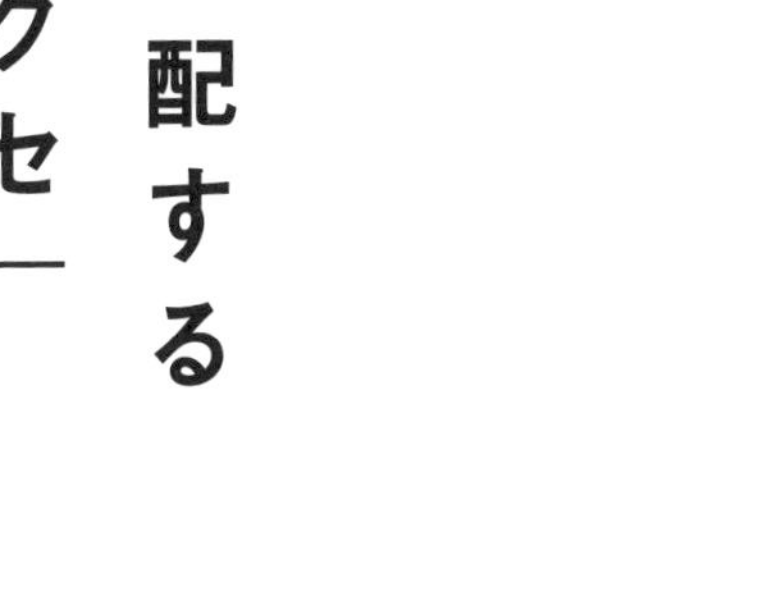

第1節　ヨコの人間関係を築けない

あなたを支配している「考え方のクセ」とは？

本書の冒頭で、「長い老後の時間を考えるというのは、仕事以外にやりたいことは何か、そのために誰とどういうふうに付き合っていきたいかを考えるということ」だと述べました。

それに対して、「それがわかれば苦労はしないよ」と思う方は多いのではないでしょうか。

自分と向き合うのは、誰にとっても難しいものです。ましてや仕事という合理的なシステムが生活の中から失われて、何もしなくてよい時間が目の前に広がったとき、何をどう考えればよいのかわからず途方に暮れる方は少なくありません。それでも定年は、待ったなしに訪れます。

しかし、**仕事によって私たちが知らず知らずのうちに「偏った認知＝考え方のクセ」を形成していて、それが自分の内面に向き合うことを阻害しているとしたらどうでしょうか。**その認知がどういうものなのか、できるだけ若いうちから知っておくことが、定年後の人生を迷うことなく過ごすための大きなヒントになることでしょう。

本章では、定年後の孤独を招きやすい、仕事というシステムによって生まれる独特の「考え方のクセ」がどのようにして生じ、私たちにいかに作用しているかを明らかにしたいと思います。

まずは、人間関係の築き方に焦点を当てて、私たちに根付いている認知の在り方をみていきましょう。

タテの関係、ヨコの関係

第1章に登場したAさんの話を再び続けてみます。

予備校講師として長年勤務してきたAさんは、70歳で退職した途端、誰からも連絡がこなくなり、妻も終日スポーツクラブに行ってしまい、孤独を感じていました。

Aさんは非常に熱心な講師であったため、休みの日にも教材研究に没頭し、仕事以外の人間関係が希薄でした。友達と呼べる存在は学生時代まではいたのですが、卒業して就職し、結婚する中で、徐々に付き合いが減っていきました。老後の孤独というより、実は20代の頃から、Aさんには仕事以外の人間関係があまりなかったのです。

いえ、もしかするとAさんは、仕事上の上下関係や、授業を介した生徒との人間関係は得意でも、プライベートな親密性を構築することができなかったのかもしれません。

では、仕事の人間関係と、プライベートな人間関係とでは、何が決定的に違うのでしょうか。

まず言えるのは、仕事のようなオフィシャルな人間関係と、友達付き合いのようなプライベートな人間関係は、まったく性質が異なるということです。

心理学の分野では、それぞれを「**タテの関係**」「**ヨコの関係**」と呼んでいます。私の勤務先の一部である刑務所や少年院、保護観察所では、親密なヨコの関係作りが希薄で犯罪に至ってしまった方も多くいるため、このタテとヨコの関係についてよく話題にして指導させていただいています。

タテの関係とは、上下関係や職業や係など社会的役割でつながる関係のことで、共通の目標（利益やスキルアップなど）に向かう関係をいいます。例えば職場の上司と部下、ＰＴＡ役員、監督や先生と生徒、先輩と後輩、会議における司会進行役や書記などがそれに当たります。はっきりと役割が決まっていて、個人の感情や意思で動くというよりは、その役割通りに動くことが期待されます。

一方でヨコの関係とは、お互いが対等な関係で、仲が良いことによってつながっている関係を指します。目標志向ではなく、お互いの存在を必要としている点がタテの関係とは異なります。友達、家族、恋人などが該当します。

私たちが社会で生きていくには、タテとヨコの両方の関係をバランスよく身につけておくことが望ましいでしょう。しかし、仕事に追われてばかりいる人は、タテの関係に身を置く時間が圧倒的に長くなります。タテの関係は、感情を交えなくても形式的に振る舞うことで成り立つシステマティックな関係であるため、次第に親密性をあきらめた関係を続けることに慣れていきます。

これが実は、ひとつの問題を引き起こします。

タテの関係に執着してしまう背景

ふたたびAさんにお出ましいただきましょう。

Aさんは仕事熱心で、タテの関係で多くの時間を過ごしていました。授業は徐々に人気が出てきて、受講生も増加。生徒たちの成績は伸びて、多くの生徒を志望校に合格させることもできました。たくさんのお礼の言葉をもらい、人生は充実していました。

しかし、Aさんには実は一方で、さみしい思いがあったのです。同僚で英語を担当している講師のもとには、授業外でも熱心に質問にくる生徒や、卒業後も訪ねてくる生徒がいました。その講師は、生徒たちとくだらない冗談を言い合ったり、学業面以外の相談にのったりもしていました。一方でAさんのもとには、誰も訪ねてくることはありません。

当時のAさんはこう自分に言い聞かせていました。

「あいつは邪道なやり方で講師をしているんだ。本来予備校講師に求められるものは志望校への合格。それだけだ。なのに人気を狙って、あんな余計なことまで話している」

読者の側からみれば、Aさんのかわいそうなほどの自己弁護が滑稽にさえ見えます。でもAさんは、必死に自分を守っていました。人は自分のプライドを守るためにさまざまな理屈をつけます。心理学の用語で言うと、適応機制のひとつである「合理化」というものです。

Aさんの担当した生徒は、成績が伸びて志望校に合格しているわけですから、予備校からすればAさんは優秀な講師に他なりません。一方でAさんは、生徒たちと心を通わせることはしませんでした。成績を上げる指導に徹することは、もともと人付き合いが苦手だったAさんなりの思いやりでした。きっと生徒にもその熱意は伝わっていたはずです。しかしもう一歩、親密な関係には至りませんでした。

「結果を出しているのだから、いいじゃないか」

そう割り切って、自分の対人関係の不器用さを自己弁護すればするほど、Aさんの態度は機械的で冷淡になっていきました。生徒たちからみれば、「すごくできる先生だけど、なんだか怖い。冷たい」という印象でした。

そうした生徒はともかくとしても、Aさんにはプライベートでも友達がいませんでした。同窓会の案内を受けても、

「昔話で盛り上がったところで、何も生産性がない」

そう考えて、出席しませんでした。友達に誘われることもなければ、こちらから誘うこともなく、気づけば何十年も連絡をとっていません。

Aさんが友達と連絡をとらないのには、いくつかの理由がありました。

Aさんは、他人が自分と仲良くしてくれるには、何か相手にとってのメリットがないとダメだと考えていました。逆に誰かが自分に連絡してくるとすれば、下心があるに違いな

いと考えていたのです。そのくらいAさんは、ありのままの自分に価値を感じていませんでした。

予備校では点の取れる授業をすることで、生徒の人気を集めていました。雑談のひとつもしないAさんには、「自分に人が集まるのは、授業を受けたいからだ」という考えがごく自然に身につきました。反対に「もし雑談などをして、本当の自分をさらして人気がなくなったら、それこそ自分が否定されてしまう。傷ついてしまう」と考えていたということです。

こうした懸念を無意識のうちに持っていたせいで、Aさんはなかなかヨコの関係が結べなかったというわけです。

ヨコの関係作りを阻むもの

ヨコの関係構築を阻む価値観についてさらに詳しくみていきます。

私たちが常日頃、特に意識することもなく、当然と思っているような価値観のことを、心理学の用語では「**スキーマ**」と呼びます。認知行動療法の心理カウンセリングの一種で用いられる専門用語です。日本では2010年頃から徐々に用いられるようになりました。

実際に、ヨコの関係作りを阻むスキーマとして考えられるものを、少しだけ列挙していきましょう。

- 私はどうせ嫌われるんだ
- 私が誰かから愛されるわけがない
- 私は誰とも親しくなれない
- 自分の変なところを見せられない
- 本当の自分を見せたら嫌われる
- 誰かに何かお願いするなんて迷惑がられるだろう
- 人に騙されるぐらいなら信用しないほうがましだ
- ここは職場なのだから割り切った関係でいなくては
- 誰かが自分によくしてくれるのは相手に何かメリットがあるからだ

スキーマは、私たちの人格が形成される、主に青年期までの身近な人との経験から形づくられます。

たとえば「自分の親は、自分がおりこうにしているときにはよく褒めてくれたが、少しでもサボったり、泣いたりすると、無視したり、罵《ののし》ったりする人だった」という場合にはどうでしょうか。子どもは自分への教訓として「自分の変なところを見せられない」「自分は変なんだ」「他人はそんな変な自分を受け入れてくれないんだ」「(だから)この先も私は誰とも親しくなれない」といったことを学習します。

スキーマは最もシンプルな形では、「自分は〜だ」「他人は〜だ」「将来/世の中は〜だ」と表現できます。

皆さんは、直感的に「自分は人から愛されている」と思いますか?
「愛されていない」と思いますか?
「他人はなんだかんだ言って助けてくれる」と思いますか?
「他人は所詮冷たいんだ」と思いますか?
「世の中はわりとうまくいく」と思えますか?
あるいは「世の中は何が起こるかわからない」と不安に満ちていますか?

こうして見てみると、**スキーマは「人生観」のようなものだということがおわかりいただけるでしょう。**本書の冒頭でお話しした「認知」とは、こうしたスキーマのことです。

一度身についたスキーマは、自分が世界を捉える物差しとして、基本的に人は一生持ち続けます。スキーマは、あくまで親との関係で学んだ法則に過ぎず、全世界の人に時を超えて適用できるような普遍のルールではありません。しかし、多くの人は、「それが当たり前」なので、自分のスキーマについていちいち疑問に思ったりしません。

そして、親だけではなく、友達にも先生にも、上司にも異性にも、そのスキーマを当てはめていきます。「私は変だから、友達に本当の自分を知られたら相手にされなくなってしまう」とか、「上司には精一杯努力している自分を見せないと、（親の時と同じように）無視されて評価されなくなってしまう」といった具合に、です。

ここまでスキーマの話を聞くと、「スキーマが一生続くのなら、結局生まれ育った環境次第で全て決まるということ？」という疑問が湧くかもしれません。

そうではありません。そのスキーマを持ちながら、うまく他人とつきあう方法もあり、変容を目指すことはできます。それは本書の後半でお伝えしたいと思いますが、その前に、こんな疑問をお持ちの方も一定数いらっしゃると思います。

「私にはどのヨコの関係を妨げるスキーマもないのに、なぜか誰とも親しくなれない」

「私はどれにも当てはまらないし、人脈はむしろ豊かなほうである」

いかがでしょうか。

これらの疑問点にはさまざまな背景があると思われます。ですが、その一因として「**自身のスキーマがそのままの形では現れにくい**」ということが挙げられます。ちょっと屈折して現れるため、本人も周りもなかなか正体に気づくことができないのです。

自分のスキーマを気づきにくくさせるもの

ここでまたAさんに登場してもらいましょう。

Aさんは「本当の自分をさらすと、自分が否定されてしまう」と考えていました。つまり、「本当の自分は他人から愛されない」と思っていたのです。ここではシンプルに「自分は愛されない」としておきましょう。

それがAさんの行動パターンにどのように現れているかを見てみましょう。

例えば、この部分に注目してみます。

Aさんは同窓会の案内を受けても出席しませんでした。友達に誘われることもなければ、こちらから誘うこともなく、気づけば何十年も連絡をとっていません。

これだけ見ると、Aさんは他人からすれば「人付き合いが嫌いなのかな?」「ひとりが好きなのかな?」という印象を持たれるのではないでしょうか。

Aさんは、「自分は愛されない」というスキーマを持っていました。擬人化して表現すると、このスキーマの言うことを素直に信じていれば、「ああ、やっぱり俺は誰からも愛されないんだ」と考えて落ち込むことになるでしょう。そうした場合、「Aさんはやっぱり自分は愛されないスキーマを持っているんだな」と一目瞭然です。

しかしAさんは、自分が愛されないことになるかもしれない事態(同窓会や友達付き合い)を徹底的に避けることによって、自分が傷つかないように守っていました。心理学ではこれを「**回避**」と呼びます。自分が恐れている事態を回避すれば、ひとまずスキーマは刺激されず、平穏な暮らしを保つことができます。

「回避」は短期的には非常に便利な対処法です。学生時代を思い出してください。憂鬱な試験が明日に迫ったときに限って、机の上や引き出しの整理をしてしまうことはありませんでしたか。いつも綺麗好きではないくせに、です。そうです。試験でひどい点数をとるかもしれないという事態から目をそらして現実逃避するために、机の片付けをしたのですね。これが「回避」です。

そう思うと、誰でも「回避」を用いています。机の整理に没頭して、すっきり片付くと、疑似成功感さえ得られます。本当に向き合うべき問題は試験なのにもかかわらず。一瞬でも目の前の恐怖を忘れられるという点で、即効性が高いのです。しかし長期的に見れば、ますます試験勉強に費やすことのできる時間は減って、試験はさんざんな結果になることでしょう。

こうしたわけで、私たちは手っ取り早く恐怖から逃げるために「回避」を用います。同じように、**スキーマの刺激される事態を避ける「回避」を取る人は多くいて、それが本人から見ても、周りから見ても、どんなスキーマを持っているのかをわかりにくくさせているの**です。

スキーマと正反対の行動をとってしまう――「過剰補償」

ここまでお読みになって、「本当の自分は誰からも愛されない」というスキーマに、今ひとつピンとこなかった人もいるはずです。しかしスキーマの表現系は、いくつかのパターンがあります。次に、20代の会社員Bさんのケースを見てみましょう。

連休明け、Bさんの同僚3人が「昨日のあの店、よかったよな。また行こう」と楽しそうに話していました。それを聞いたBさんは「え、なんで俺だけ誘われていないの」と、カチンときました。これまでその同僚たちとはけっこう仲良くしていたつもりだったからです。

「なんだよ、休みの日まで一緒に過ごして、他に友達がいないのかよ。もういい。俺はあんなやつらとつるまない」

考えれば考えるほど腹が立ってきて、Bさんはこう考えました。

「もうあいつらとは仕事と関係すること以外の話をするのをやめよう。職場はサークルみたいな仲良し集団じゃないんだ。自分はあいつらに誘われなくても、他に友達はいる。そんなに不自由してないんだ」

このように、はたから見れば明らかに「自分は愛されない」スキーマが活性化されるような出来事に出くわしているにもかかわらず、「自分が愛されないはずがない!」と、あたかも愛されているかのような態度を取り、スキーマと正反対の行動をとってしまうことを、「**過剰補償**」といいます。

「過剰補償」の他の例としては、交際中の異性が浮気しているかもしれないという疑惑があるときに、「そんな浮気なんてする人、こっちから願い下げよ！　こっちにもいい人がいるんだから」「腹いせに浮気してやる」と、追及も話し合いもせずに別れを決めたり、仕返しをしたりすることも該当します。

こうしたスキーマの表現系といいましょうか、スキーマの活性化したときの私たちの状況（感情や思考や行動すべてを含む）のことを、心理学では「**モード**」といいます。

モードに注目すると、私たちは自分のスキーマを把握しやすくなるだけでなく、「なるほど。こんなに苦しいのは、愛されないスキーマの言うことを信じているからか」とか「腹が立って縁を切りたくなるのは、過剰補償しているからか」と、少しだけスキーマと距離を置いて自分をみつめることができます。

また、モードを観察することで、「今人から嫌われて落ち込んでいるけど、これって百パーセント現実だろうか。もしかすると、スキーマの仕業で、現実よりもより深刻に捉えている可能性ってないだろうか？」と自問自答できるかもしれません。

スキーマの渦中に放り込まれて、ぐるぐる巻きになっている状態よりも、ほんの少し客観的でいられます。そうすると、感情が少しだけおさまってくるはずです。

スキーマの最もシンプルな現れ方――「服従」

これまで「回避」と「過剰補償」という、スキーマそのものがはっきりと現れているわけではなく、ちょっと屈折している例を2つご紹介しました。一方で、もっとシンプルな現れ方があります。それが「服従」です。スキーマの言うことを、疑わず信じ切っているモードです。

たとえば、次のような例はいかがでしょうか。

20代のCさんは妻と二人暮らしです。最近、妻は仕事が休みの日に、Cさんとは過ごさずに、テニスに夢中で出かけて行きます。そんなときCさんは「妻は自分に愛情がなくなったんだろうか。前は週末を一緒に過ごすことが幸せだと言っていたのに」と考えて、悲しくなりました。

このCさんは、「自分は愛されない」スキーマを持っていました。妻が自分と一緒に過ごしてくれなくなった。そのことでスキーマは活性化されます。スキーマが「お前は愛されていないんだ」と言ってくるわけです。Cさんはこのスキーマの言うことを鵜呑みにして「服従」し、悲しんでいたのですね。最もシンプルな例です。これが続くと、落ち込む一方でしょう。

「モード」について知っておくべき理由

このように、モードは「服従」「回避」「過剰補償」に分けることができます。根っこにあるのは同じスキーマでも、表現系が非常に異なるので、自分でも掴みにくいのが難しいところです。ましてや、はたから見ている他人は、人間関係を避けるAさん(回避)、怒りっぽいBさん(過剰補償)、くよくよしやすいCさん(服従)が、まさか同じ「自分は愛されない」スキーマを持っているなんて思いもしません。

私が刑務所や保護観察所などのカウンセリング現場でお会いしている人たちは、ほとんどが「自分では希望せず義務的にカウンセリングを受けることになった」方々です。ですから、ほとんどの人は「私は人から愛されないことで悩んでいます。助けてください」なんてことは言いません。むしろ「自分には何ひとつ落ち度はないし、悩みなどない。仕事も家庭もうまくいっていたし、なんなら自分に自信があります」と話す人もいるほどです。中には妻子がいて、そのうえで常に複数人の愛人がいて、仕事もうまくいっていたが、性犯罪に至ってしまったという人もいます。本人の自覚としては、人生万事うまくいっていたのに自分でもなぜあんな犯罪をしたのかよくわからない、というのです。

しかし、よくよく話を聞いてみると、疑問に思うことが出てきます。

その男性は、妻には「強くて頼もしい自分しか見せることができず、仕事の話を家庭に持ち込まないようにしていた。弱音を吐いたことがない」と言っていました。これはおそらく「もし弱い自分を見せてしまったら、愛されないかもしれない」と本人が恐れているからです。また、愛人は常に2、3人キープしていたと言います。その理由を聞くと、「男と女はしょせん騙し合いで、わかりあえることなどないのだから、常に何人かいれば、裏切られても大丈夫でしょう」とのこと。どれほど裏切られることを恐れていたかがわかります。少しでも愛人が離れていくそぶりを見せると、自分から別れを切り出して、去るものは追わず、急いで新しい愛人を見つけていたそうです。

さて、自信満々に見えたこの男性の背景にあるスキーマが見えてきましたか？　妻にも愛人にも本当の自分を見せることができず、愛されなくなることに怯えている姿が浮かび上がってこないでしょうか。

この人もやはり「自分は愛されない」スキーマを持ち、それに対していつも「過剰補償」をしていたのです。愛人が何人いても満たされなかったのは、「自分は愛されない」スキーマが常に活性化されていたからでしょう。「騙し合いだ」と思って本音を晒さないことで、本当に欲していた親密な関係にたどり着けなかったのです。こうして、強烈に愛を求める、もしくは自分を愛してくれない異性への怒りのようなもの（非常に身勝手な言い分ですが）が行き場をなくし、性犯罪へとつながった可能性が高いと考えられます。


こんなふうに、「モード」について知っていると、その人が振り回されている、一見するとわからないスキーマを明らかにすることができます。

とはいえ、誰しも自分のこととなると分析は難しくなるもの。次は、もう少し気づきやすい「考え方」に注目して、自分をみつめる方法をご紹介します。

「自動思考」――スキーマから派生する無意識の思考

スキーマについて紹介してきましたが、自分のスキーマにご自身で気づくのは至難の業といってよいでしょう。

とくに平穏で悩みのないときには、ネガティブなスキーマは刺激されません。落ち込むような出来事がもしあったとしても、「私は愛されないんだ」と悩むこともないでしょう。それよりは「同窓会なんてバカバカしい」とか「あいつは俺のこと誘わないなんて、どういうつもり?」くらいの独り言で済ませられる場合が多いのではないかと思います。この独り言は、スキーマよりもっと個別的、場面固有的で、疑問形であることが多いです。

この〝独り言〟のことを、心理学の用語では「**自動思考**」といいます。スキーマという根っこから、遭遇するさまざまな出来事に対して生まれた固有の思考が枝葉をつけている、という絵をイメージするとわかりやすいでしょう。

自動思考という言葉は、アメリカで認知療法を生み出したアーロン・ベックという精神科医が名付けました。ある出来事に出くわしたときに、特に私たちが意識しなくても瞬時に出てくる思考のことを言います。

自動思考の根っこにはスキーマがあるわけですから、スキーマ由来の自動思考がそれぞれの場面で顔を出します。

例えば、「自分は愛されない」というスキーマを持っていれば、その根っこから、学校で、家庭で、会社で、いつもその人は「友達に嫌われた」「妻にかまってもらえない」「同僚になじめない」という自動思考を持ちやすくなります。

一般的に自動思考は、スキーマよりも気づきやすく、変えやすいものであると言われています。そのため認知行動療法では、まずは場面固有の自動思考に気づいてもらい、それが現実を正しく捉えているかどうか(妥当性)、自分にとって役立つかどうか(有用性)を検討することで、思考と距離をとったり、場合によっては修正したりして、適応的な認知や行動をとれるようにしていきます。

自動思考の検討の際には、よくある自動思考のクセについて知っておくと便利です。誰しも1つや2つのクセがあるので、ぜひご自身が対人関係で腹を立てたときや、落ち込んだときを思い出しながらチェックしてみてください。

一般化のしすぎ:ひとつの出来事を、いつもすべてのことに当てはめて考える。

(例)

・私は前の会社で上司にとことん嫌われてしまったので、次の会社でもどうせ上とうまくやれずに潰されてしまうんだ。

・結婚前に付き合った彼女に浮気をされた。妻を含む女性はみんないつか俺を裏切るんだ。信じてはいけない。

自分への関連付け：自分に関係のないことまで、なんでも自分のせいではないかと捉えてしまう。

（例）
・上司の機嫌が悪いのは、自分が何かしでかしたからだ。
・息子があんなふうになったのは、自分に何かまずいところがあるからだ。

根拠がない推論：はっきりとした証拠のないまま結論づけてしまう。

（例）
・すぐにメールに返事がないということは、やっぱり嫌われたんだ。
・さっき店員同士が笑い話をしていたのは、俺のことをバカにしているんだ。

全か無か思考：物事を白か黒かの二者択一的に捉える。

（例）

・せっかく皿洗いをしたっていうのに、妻に洗い残しを指摘された！　もう二度と皿洗いなんてしない！

・あいつは俺とあんなに親しくしていたのに、自分の嫌いな○○とも仲良くしている。だからあいつも敵だ。信用できない。

すべき思考：「～すべき」であるという、多くの場合正しいが、例外や妥協案がない、柔軟性に欠ける思考。

（例）

・どんなことがあろうと、遅刻は許せない。失礼だろう。

・一度約束したことは守らなければならない。

いかがでしたか？

クセを知っておくと、ちょっと自分の考えが極端になっているときには、ゆるめたり、視野を広げたりしやすくなります。

考え方のクセごとに、整え方をご紹介しておきましょう。先述した例と見比べてみてください。

一般化のしすぎ：ひとつの出来事を、いつもすべてのことに当てはめて考えるのが問題。今回経験した出来事を「今回限りのことで、広げて考えない」と捉えてみる。

（例）

・私は前の会社で上司にとことん嫌われてしまったが、次の会社はまだ入社したばかり。どうなるかはわからない。

・結婚前に付き合った彼女には浮気をされた。妻を含む女性のすべてが浮気するとは限らない。信用できないと決めつけるのはやめよう。

自分への関連付け：自分に関係のないことまで、なんでも自分のせいではないかと捉えるのではなく、自分以外の原因について推測してみたり、相手に聞く、誰かに意見をもらうなどして、情報をもっと集めてみる。

（例）

・上司の機嫌が悪いのは、自分が何かしでかしたからかもしれないが、他にも原因があるかも。他の社員が上司と話しているのを観察して、様子を見てみよう。

・息子があんなふうになったのは、自分に何かまずいところがあるからかもしれないが、生まれつきの素質もあるし、夫や学校、友達の影響もあるだろう。自分の反省すべき点はするが、必要以上に自分を責めると、親としての役割が果たせなくなってしまう。

根拠がない推論：はっきりとした証拠のないまま結論づけるのではなく、さらに情報を集めて、慎重に吟味する。

（例）

・すぐにメールに返事がないということは、やっぱり嫌われたのかもしれないが、もう少しだけ待ってみよう。

・さっき店員同士が笑い話をしていたのは、俺のことをバカにしているのかもしれない。しかし、この店は初めて訪れた店で、バカにされるほど、自分のことを店員は知らないはずだ。念のためトイレの鏡で身なりにおかしなところがないか見てみようか。あ、でも店員にバカにされたところで赤の他人だし、自分の人生には影響はないか。

全か無か思考：多くの物事は白か黒かの二者択一ではなく、中間に位置することが多い。どちらかに決めつけてしまうのではなく、部分的に理解したり、状況によって変動するものであると捉える。

（例）

・せっかく皿洗いをしたっていうのに、妻に洗い残しを指摘された！　でも「全否定」されたわけではないか。完璧な仕上がりでなかったというだけだ。もう二度と皿洗いなんてしない、なんて極端な決断はやめておこう。

・あいつは俺とあんなに親しくしていたのに、自分の嫌いな○○とも仲良くしている。だからあいつも敵だと極端に考えるのが私のクセだ。正直いい気はしないが、これで即「敵」と決めつけてしまうのは今後の人間関係に響くし、いくらなんでも早合点だ。また話してみて様子を見よう。

すべき思考：「～すべき」であるという思考の、例外や妥協案を考える。その思考が自分にとって、もしくは相手との関係において役立つかどうかも検討する。「～したほうがいい」くらいの柔らかい言い方に変えるのもよい。

（例）

・どんなことがあろうと、遅刻は許せない。失礼だろうというのが私の価値観だが、世の中にはさまざまな例外がある。遅刻の理由を聞いてみようか。普通の人は数分の遅刻なら気にしないようだし、それが即「自分を粗末に扱っている」ということにはならないらしい。

・一度約束したことは守らなければならない。それができるに越したことはないが、世の中は複雑で、守れないこともある。守れたらよい、くらいの気持ちでいると、自分も相手も許せる。

年齢を重ねると、このような柔軟な思考ができるようになって、穏やかになる方もいらっしゃいます。一方で、脳の中でも前頭葉の機能が低下し、自分の感情を抑えるのが難しくなり、すぐに怒りを爆発させる人や、幼児のような自己主張に終始してしまう方もいます。この違いはひとつには、これまで述べたようなさまざまな柔軟な考え方を身につけて、自分の感情と上手につきあうことができていたかどうかだといわれています。

自分の考えのクセを知って、視野を広く保ち、柔軟にいろいろなストレスに対処できるような年齢の重ね方をしたいものです。

対人関係でスキーマが揺さぶられたときには

話をAさんに戻しましょう。

予備校講師として長年働いてきたAさんには、「自分は愛されない」というスキーマがありました。それを回避することが常であったAさんは、同窓会に誘われても「生産性がない」と出席せず、仕事以外の友達付き合いを絶ってきていたのですね。妻がスポーツクラブに行って誰もいなくなったリビングは、シーンと静まり返っています。

Aさんのこのときの自動思考は、こうでした。

「妻はあんなに毎日スポーツクラブに行って、何が楽しいんだか。お金を払ってまで必死で走って、馬鹿らしい。もっと教養のあることをすればいいのに」

そう吐き捨ててテレビをつけました。自分だって、くだらないテレビを用もなく眺めることしかできていないのに。テレビをつけたままメールをチェックしてみましたが、毎日山のように届いていたメールは一件も来ていません。

「退職したら、こんなに誰からも連絡がこないものか。一体みんな何をしているんだ。自分はいつからこんなにひとりなんだろう。誰からも必要とされていない気がする」

そう考えると、まるでこのリビングだけが世の中から隔絶されているかのようでした。これまであんなに必死に働いてきたことも、無駄だったような気さえしてきます。

「私は、なんのために働いてきたんだろう。仕事での人間関係は無意味なものだったんだろうか。これからこれがあと20~30年続くなんてうんざりだ。恐ろしい」

今度は、虚しくなってきました。

Aさんのもつ「自分は愛されない」スキーマが揺さぶられていますね。読んでいるだけでも辛くなります。Aさんを最も辛くしている自動思考は「誰からも必要とされていない」でした。そして、その辛さが「20～30年続く」と考えているのです。この2つの自動思考に、先ほどご紹介した考え方のクセがみつけられるでしょうか？

「誰からも必要とされていない」。これに関しては、ここにある情報だけでは「この時点のAさんは少なくともあまり必要とされていないのかも……」という印象です。誰からもメールはきていないし、妻とは別行動（それが即、愛されていないという証拠にはならないのですが）。今日のこの時点では、確かにAさんはひとりです。ただ、「必要とされていないか」と問われると、「そこまで深刻に捉えなくてもいいのでは？」「誰からもお誘いの来ない日は誰にだってあるかも？」というところでしょうか。そういう意味では「根拠がない推論」に少し当てはまりそうです。

「この辛さが20～30年続く」という自動思考に関しては、少しばかりツッコミどころがありそうです。退職したてで、しかも仕事人間だったAさんには、これから膨大な自由時間をどう過ごすかのノウハウがなくて当然です。なので、今日のこの時点の辛さを一事が万事式に捉える「一般化のしすぎ」というクセが当てはまりそうです。

まとめると、退職したてのAさんの今の時点では、お誘いがたくさんあるような「愛されている」という状況は見当たりません。しかし、それが即「愛されない」証拠であるとは言い切れませんし、この現状が死ぬまでずっと続くとは限りません。Aさんの今後のアクション次第で変化できるのです。こう考えると、絶望的な気持ちに巻き込まれてしまっている状況から抜け出して、少しだけ距離を置いてみられるようになるでしょう。

＊

さて、それではAさんはこれからどんなアクションをとればいいのでしょう。もし、もっと若いころ——30～40代のころに戻れるとしたら、どんなことをしておけばよかったのでしょうか。

第2節　なぜ感情に蓋をしてしまうのか

自分の感情と向き合えないわけ

前の節では、スキーマや自動思考を具体的に見ていきながら、私たちがいかに無意識のうちに習慣化された思考に支配されているかをお話ししてきました。システマティックである意味ラクなタテの関係ではなく、ヨコの関係を築けないことの理由のひとつに、こうした無意識の考え方のクセが関係していることがおわかりいただけたかと思います。

しかし、そこまでわかっても、そこから自分の感情とまっすぐに向き合って、親密なヨコの関係を築けるようになるのはとても難しいものです。「自分の感情と向き合う」術を、多くの人は持っていないからです。これは女性よりも男性のほうが顕著です。この本ではその理由に深入りすることはしませんが、この節ではいかに多くの人が感情に蓋をして日々を過ごしているか、心理学の視点からそのメカニズムと対処法を解説していきます。

「何を考えているかわからない」と言われるクールキャラのBさん

まずは、先ほど登場したBさんの話を続けてみたいと思います。

Bさんは20代の会社員です。連休明けに同僚3人が「昨日のあの店、よかったよな。また行こう」と話しているのを聞いたBさんは、「え、なんで俺だけ誘われていないの」とカチンときて、「もうあいつらとは仕事と関係すること以外の話をするのをやめよう」と、過剰補償をしたのでしたね。

こんなイライラした内面と裏腹に、Bさんは表面的にはクールでした。よく人からは「何を考えているかわからない」と言われるくらい、滅多に感情を表に出すことはありません。Bさん自身、社会人になってから特に気をつけている面もありました。「職場で感情的になるなんて恥ずかしい。失格だ」と思っていましたし、同期の女性が職場で泣いているのを見て、「みっともない」とバカにしていました。

Bさんは、「クールキャラ」として職場では高い評価を得ていました。取引先でのプレゼンも自信に満ちていて堂々としていますし、普通の人なら理不尽すぎて思わず怒りたくなるようなクレームが来たときにも、淡々と対応できるからです。

しかし、彼の恋人からは不評でした。恋人はBさんの堂々とした態度に憧れて付き合い始めましたが、Bさんは仕事が忙しくなると、「集中したいから」「疲れているから」と、恋人と連絡をとらなくなるのです。もちろん会うこともしません。恋人としては、「そんな辛い状況のときこそ支えてあげたい」と思っています。

「仕事が忙しいのはわかるけど、せめて手料理を差し入れてあげたいんだけど」

そう連絡してもBさんは、

「今忙しいから。構わないで」

の一点張りです。

恋人は、こう考えます。

「肝心なときに何にも打ち明けてくれないなんて、私たちこれで支えあっていけるんだろうか。私ってなんなんだろう」

一方でBさんは、イライラしながらこう考えていました。

「お願いだから放って置いてほしい。今は仕事に没頭したいのに。余裕がないから、あいつに構えないんだ。とにかくひとりにしてほしい」

こんなことが続いた結果、次第に恋人はBさんに対して精神的なつながりを持つことをあきらめていきました。そして別の人で心の隙間を埋めようと、違う男性と連絡をとるようになったのでした。Bさんのことを相談していたようです。

仕事の波が落ち着いたBさんは、恋人と会いました。久々に会うというのに、恋人はしきりに携帯でその別の男性とやりとりをしていました。

Bさんはそれが気に食わない様子でした。心ここに在らずの恋人の様子に、

「さっきからなんなの。こっちは忙しい中で時間を作ってきたのに。もう帰っていい?」

そう、イライラして吐き捨てるように言いました。

恋人にも言い分があります。これまでさんざん自分をほったらかしにしたくせに、やっと会えるとなったら、上から目線でそんなことを言われてしまう。ふたりの間になんとも言えない険悪な雰囲気が漂いました。

Bさんはどうすればよかったのでしょう。皆さんにはBさんの気持ちが理解できますか。Bさんのようなクールさは職場では美徳とされるのに、なぜ恋人には不評なのでしょうか。あなたの目には、Bさんの感情はどのように映りますか。

感情の抑圧のメカニズム

Bさんは、感情という点において非常に無理をするタイプのようです。

職場では、「クールキャラ」といわれるように、ロボットのようにとことん感情を封じ込めます。そうすることで社会に適応してきたわけです。Bさんほど極端でなくとも、大多数の人は会社や組織のルール、あるいはビジネスにおける暗黙の了解に従って、できるだけ感情を殺して仕事をしているのではないでしょうか。

感情に浮き沈みのないBさんの態度は、同僚やビジネスの相手にとってはいつも安定していて付き合いやすく、物事は円滑に進むことでしょう。しかし、恋人のようなプライベートな関係においては、この感情を封じ込める態度は良い結果を生んでいません。

このように自分の感情を封じ込めることを、心理学では「**抑圧**」といいます。**周囲の環境に適応するために感情を外に出さないようにし続けると、そのうち「自分がいったいどん**

な感情を持っていたかがわからない」という状態になります。心理学的には「感情がモニタリングできない」状態といえます。

これはとても危険です。自分の本当の感情がわからなければ、「〜したい」と願望を相手に伝えることができなくなります。反対に「それは嫌だ」と断ることもできません。また、「疲れたからそろそろ休みたい」とか「もっと仲良くしたい」など、生きていくうえで満たしたい自分の欲求に気づけなくなるのです。これが長期間続くと、やがて「別に何にも興味がない」「何をしても楽しくない」「生きている実感がわかない」という状態になっていきます。**「定年後にやりたいことが何もない」という状態は、会社という環境に適応しようと感情を殺し続けてきた結果なのです。**

体は正直ですので、ストレスが「感情」という形で表出されないのなら、頭痛や腹痛、腰痛などの痛みや発熱、難聴などの身体症状として表出される場合もあります。これらの症状で病院に行っても、「原因不明」とされることが多くあります。また、ここまでくると、自分の感情は麻痺しているので、代わりに痛みなどの感覚で現実感を取り戻す人もいます。代表的な例はリストカットや過食や危険運転のような行動です。

そこまで深刻な例は少ないにしても、私たちは社会の中で、「あまり感情的な振る舞いはよくない」と考え、感情を抑圧しがちです。そしてその弊害については、あまり話題にされません。

私たちが気づいている自分自身の感情というものは、実は氷山の一角です。

気づいている感情の下には、自分が認めたくないような感情が抑圧されています。自分に都合がよく、受け入れやすい感情だけが認められ、その根っこにありながら、本人にとって受け入れがたい「本当の感情」には気づいていません。

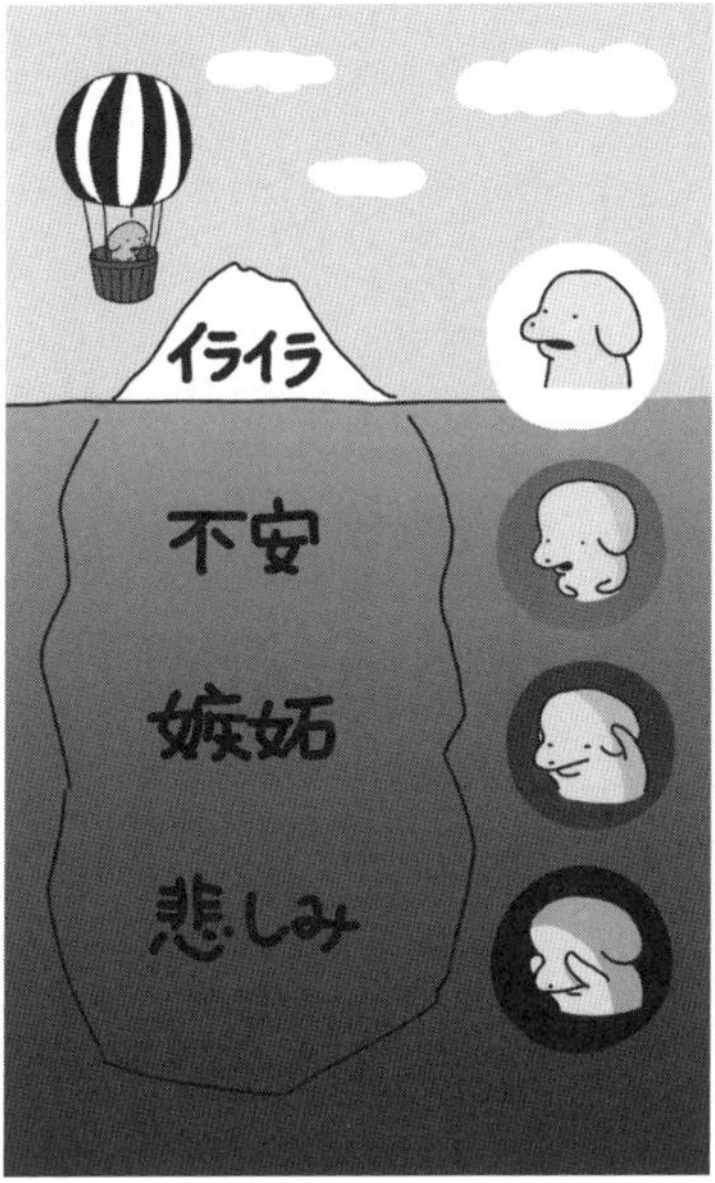

表に出る感情と、出ない感情

先のBさんが、久々に会った恋人が携帯に夢中になっているときに感じた怒りは、表に出ているもので、Bさんにとっては受け入れやすいものでした。もともとBさんは恋人に対してだけでなく、同僚に対してもイライラしやすい人です。イライラしては「あいつはもういらない」と上から突き放していました。「自分は愛されない」スキーマの過剰補償です。

イライラという「怒り」の感情は、二次感情と呼ばれています。怒りは一般的に、自分のテリトリーが侵害されたときに抱く感情であると言われます。仕事が忙しく没頭したいBさんに対し、そのテリトリーに侵入しようとした恋人に対する怒りは、そう考えるとわかりやすいです。一方、恋人が携帯に夢中になったときの怒りはちょっと違います。怒りという感情に到達する前に、もう一つ別の感情が先に生まれていた可能性があるのです。

恋人との場面を思い出してください。Bさんは、久々に会ったのに携帯で誰かとやりとりする恋人に、どんな感情を持ったのでしょう。イライラする前に、です。

おそらく「嫉妬」したのでしょう。もしかすると、「なんでかまってくれないんだ」「愛していないのか?」という「悲しみ」もあったかもしれません。これが一次感情です。こうした感情が先にあって、「怒り」が生まれたのです。

嫉妬や悲しみといった感情は、Bさんのプライドを傷つけるものでした。もっと言えば、「自分は愛されない」スキーマに直結するものでした。だからこそ、Bさんはその感情を認めたくありませんでした。瞬間的にそんな感情を抑圧したのです。そして、まだ受け入れやすい「怒り」という感情を表出したのです。「自分は愛されない」スキーマに対して過剰補償をするBさんらしいパターンです。

なぜ埋もれている一次感情に気づく必要があるのか

とはいえ、自分の本当の感情からはできるだけ目を背けたいものです。実際に私たちは無意識のうちにそれをやっています。なぜ、わざわざ見たくもない怒りの一次感情を探る必要があるのでしょうか。

ひとつは先ほどご説明したように、本当の感情に気づくことによってこそ、私たちは自分の本当の願望や欲求、意思に気づくことができるからです。もうひとつは、感情を抑圧したままでは、身体症状が現れたり、危険な行動に及ぶことがあるからです。

そしてさらに付け加えたいのは、**この本当の感情こそが、人との親密な関係を築くのに必要なものだからです。**

私たち大人は多くの場合、建前で話をします。Bさんなんて会話のほとんどが建前でした。ですから周りからみれば、「あの人は何を考えているかわからない」「仕事はできる人だけど、人間味がない」「なんだか親しくなれない」と思われるわけです。

私たちが人と親しくなるときというのは、商談や日々の業務の形式的な話の間ではなく、何気ないちょっとした雑談、思わず本音が見えたときや、何か活動を共にしたときなどではないでしょうか。日頃きっちりしている会社の同僚のちょっとした言い間違いに、人間味を感じることはありませんか。型どおりの漫才の合間に、その人の人間臭さが出たときに笑いが起きたりしませんか。

Bさんと恋人の間にも、それは当てはまります。Bさんは自分が受け入れやすい「怒り」の感情で「こっちは忙しい中で時間を作ってきたのに。もう帰っていい？」と恋人に吐き捨てましたが、怒りの感情の水面下には「嫉妬」や「悲しみ」がありました。きっと本音で話をすれば、もう少し違ったやりとりになったはずです。恋人のほうだってBさんを支えたい、精神的につながりたいと思っていましたし、会えない時間を寂しいと思っていたのですから。水面下の気持ちはふたりとも同じなのに、すれちがってしまうのは悲しいことです。

このように親密な関係における対話には、感情をモニタリングして、根っこにある本当の感情でやりとりすることが大切です。

とはいえ、Bさんはすぐに自分の感情の根っこに気づくことなんてできません。目の前で恋人が携帯を触っているのを見て、イライラするだけです。どうしたらいいのでしょうか。

自分の感情に気づく方法――マインドフルネス

とくにイライラが頂点に達しているようなときに、自分の怒りの根っこにあるはずの一次感情を探し出すのは至難の業です。こうした場合には、その場から離れてちょっとトイレに行ったり、外の空気にあたったりして、まずは深呼吸しましょう。

そのうえで、最初は心ではなく、体の感覚から自分の感情を探ってみましょう。長年感情を抑圧してきた人にとっては、体の感覚から入るほうがうまくいくのです。この体の感覚から自分の感情に気づいていく方法のひとつに、「**マインドフルネス**」があります。

マインドフルネスとは、周囲の出来事や自分の身に起きていることに十分な注意を向けるためのものです。Googleが社員研修に取り入れた方法として有名になったので、ご存じの方も多いでしょう。

もともとは仏教に由来する瞑想およびその他の訓練を通して、現在起こっている経験について目を向けることを指します。心理療法に用いる臨床的な技法として体系化したのは、マサチューセッツ工科大学の研究者、ジョン・カバットジンでした。１９７９年のことです。日本では2000年ごろから注目されるようになりました。

私たちが日頃、毎日のように繰り返している行動をひとつ思い出してみてください。たとえば車の運転や、入浴、食事などです。習慣的な行動なので、「今日ウインカーをどこで出したか？」とか「どのように右腕を洗ったか？」なんていちいち覚えていないと思います。いつもやっていることは、ひとつひとつの動作を注意深くせずとも、自動的に体が動く感じがあるのではないでしょうか。そのようなときにはもしかすると、運転しながら、もしくは体を洗いながら、「あー、明日の仕事はどういった段取りで進めようかな」なんて、ぼーっと別のことを考えているかもしれません。これが目の前の現象に集中できていない、「マインドレス」な状態であるとしましょう。

これに対して、目の前の現象に対して、ちゃんと心がここにあるように認識できて、集中していることが「マインドフル」な状態です。悩み事があるとき、イライラに支配されているとき、気がかりなことがあるとき、私たちは目の前の人の話を聞いていなかったり、仕事でミスをしたりします。「マインドレス」の状態、心ここにあらずの状態です。パソコンでたとえるなら、心のメモリを全部奪われているような状態になって、処理速度が大幅に遅くなり、フリーズしてしまう感じでしょうか。これではどんなに目の前に浮上できるようなチャンスがあっても、目の前に励ましてくれる人がいても、それに気づけません。仕事でも日常生活でも、うまくいかなくなり、ひどいときにはそれで叱られたりもして、ますます落ち込む羽目になります。まるで悪循環の負のスパイラルにはまってしまったみたいです。

こんな負のスパイラルにはまる背景として、私たち人間が、日頃体験している出来事や、自分の身体の感覚や感情などに対して、「あ、またひどい目にあった」とか「もうお先真っ暗だ」などの価値判断をしてしまうことが挙げられます。こうした価値判断のラベルのせいで、実際に起こった事実をそのまま見つめることが難しくなることもあるでしょう。

たとえば、本当は「メールの返事がない」という現象が起こっているだけなのに、「嫌われたんだ」と判断してしまうことで、ひとつの解釈から距離をとれず、巻き込まれてしまう。距離がとれれば、「こんな見方もできるのかも」とか「いや、ちょっと考えすぎか。外出でもしよう」などと切り替えることもできるのですが、何度も何度も「嫌われたに違いない」という思考に捕まって、ぐるぐる巻きにされてしまうのです。

自分の思考や感情に巻き込まれてしまわずに、それらとちょっと距離をおいて観察し、受け入れるために、マインドフルネスは有効です。距離をおいてみることで、「あれ？

自分は習慣的にこういうとき、人を恨んでいたけど、今冷静に見てみると違うかも」なんていう気づきが得られ、適切な考えや行動を選択できるようになります。つまり、「いつもはまってしまうパターン」から抜け出すワザとも言えるのです。

ここで注意が必要なのは、事実でも自分の考えでも感情でも、なんでも「それでいい！」と肯定して受け入れる(もしくは気にしない)というのではないことです。

「距離をおいて受け入れる」のは、「いい」とか「悪い」とかの価値判断は抜きにして、「そうか、今自分は怒っているんだ」とそのままを認める、とりあえず置いておく、という感覚です。

マインドフルネスの実践方法

さて、マインドフルネスについての具体的な実施方法です。

マインドフルネスは、目の前の現実の色や形、聞こえてくる音、自分の身体感覚、思考などに気づくために、現実に追われるのではなく、いつもよりちょっとゆっくりと観察することで実践できます。

具体的には、次の表のような実践方法があります。

□ ボディスキャン 身体のどこが重いのか どこがあたたかいかなど 感覚にじっと 集中していく。 身体は抑圧 している感情まで よく表しています。 ヨガも同じ。 	□ マインドフルに歩く 歩きながら見える景色を あたかも初めて みたかのように 観察しながら歩く。 色、香り、風、 自分の歩く 身体感覚、音、 思考などにも集中。 
□ マインドフルに食べる ランチのラーメンを ずずずーーっと すするのではなく、 いつもより少しスローに 麺の質感、スープの色、 香りなどに集中して。 歯ごたえやのどごしにも 目を向ける。 	□ 呼吸に注意を向ける 普段意識しないけれど 毎日寝ている間も している呼吸を 意識する事は 新鮮な体験。 ストレスフルなときには 浅くて短い呼吸に なっている。 

私は毎朝ヨガをする習慣があるのですが、ヨガの先生が言う「人と比べず、もっと曲げようとかこういう形にしなければというのではなく、今日のあなたの感覚を感じてみて」といった言葉が、非常にマインドフルネスだなと思っています。「今日の私は太ももの裏が硬い。昨日ヨガをサボったからだ。うんと伸ばさなくちゃ」ではなく、「そうか、今日の自分は硬い感じか。ここは冷たいんだな。そうかー」という感じでしょうか。もっともヨガの達人ならば、この硬さの中から自分の心の状態を読み解いていくのでしょう。呼吸が浅いこと、胸が開いていな

かったことを認識して「緊張してるんだな」と気づいていくのです。体は本当に正直だと言えるでしょう。

最初は、自分の感情をモニタリングするのは難しいかもしれません。苦手だとしたら、こうした理由が背景にあるのかもしれません。一旦これらのブロックを脇に置いて、自分の心を見つめてみましょう。

【感情を抑圧する理由】

- 人間関係の衝突を避けたい
- その場を丸くおさめたい
- ビジネスなのだから感情を持ち込まない
- 強くありたい
- よくできるようにみせたい
- 親なのだから
- 大人なのだから

ある意味どれも常識的に生きるために身につけたものですが、こうした前提に縛られすぎていると、自分の本音を見失います。どんな感情が出てきたとしても、それを否定せずに、「そっかー」と見つめてあげましょう。

第4章
親密なヨコのつながりを築く方法

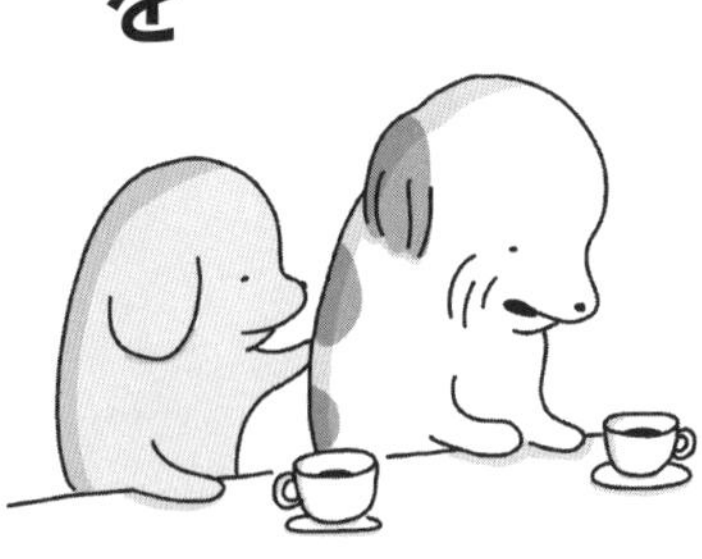

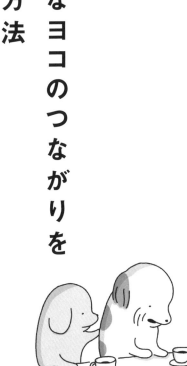

第1節　親密度を高める第一歩

マインドフルネスを使って人と親密になるには

ここまでマインドフルネスを使って、自分の感情をモニタリングする方法をお伝えしてきました。

本書では、これまで働くことで社会の中に居場所を作り、貢献して、「これでいいのだ」と自尊心を高め、精神的健康を維持してきた男性が、退職して自分の肩書や社会貢献の場を一気に失ったときに、「どのようにして老後の所在のなさ、孤独感に立ち向かうか」という課題にチャレンジしています。その解決策として提案したいのが、「親密なヨコの人間関係を築く方法」です。ヨコの関係では、仕事の肩書と違って、気楽な本音のコミュニケーションが多用されます。明確な上下関係も利益関係もなく、平等です。決められた役割や型がなく、自由です。一緒にいたい人といるし、やりたいことを共にする。そんな関係です。

でもこんなふうに言われると、戸惑う人もいらっしゃるかもしれません。急に「本音」

とか「自由」とか言われても、「これまでどれだけ自分を抑えてきたことか」「型通りに振る舞うことをどれだけ厳しく求められてきたことか」と、今までとのギャップに苦しんでしまうからです。

そして、ちょっと怖くなる気もしませんか。急に「本音」なんて言われても、出てこないのです。

そう、前章でもご紹介したとおり、感情に蓋をする癖はなかなか抜けません。しかし、**マインドフルな状態になって本音に気づくことができれば、これまでとは全く違った親密なヨコの関係を体験できるのです。**

では、マインドフルネスを使うと、なぜ人との親密性が高まるのでしょうか。この章ではまずそのことについてお話しします。

本当に伝えるべき感情

さきほど登場したBさんの例で見てみましょう。

恋人が携帯で誰か他の男性とやりとりしている様子をみて嫉妬したBさんは、マインドフルネスを用いてどのように恋人と向き合えばよいのでしょう。

Bさんはせっかく二人でいるのに、恋人がしきりに携帯を触っているのが気になりました。話しかけても上の空で、そんな様子を見ていると、次第に腹が立ってきました。そして、このままこの部屋にいたら、怒りを爆発させてしまいそうなくらい、体がカーッと熱くなっていることに気づきました。

そこでBさんは、怒りの正体を見つめて、自分が恋人に対してどう思っているのか、どう話し合えばいいのかを見つめるために、部屋を出て台所へと行きました。

「ふうーっ」と一呼吸してみました。心臓はいつもより鼓動が早く、体は固くなり、怒りに震えています。体全体が悔しがっているようでした。それと同時に、悔し涙を流しているようなイメージも浮かびました。ズキンと胸の痛む感じもします。自分は何か、悔しくてショックを受けているようです。恋人が他の男性とやりとりしていて悔しいのです。こうしてBさんは、マインドフルネスを使うことで嫉妬している自分にはっきりと気づくことができました。

そこからBさんは、さらに自分に問いかけました。

「恋人に対して、自分は何を求めているんだろう？」

「自分は恋人と、どうなりたいのだろう？」

このようにして、自分自身に問いかけたうえで、自分がどんな結果を求めているのかを考えてみることは、最終的なゴールを見失わないようにするために大切なことです。感情に任せてしまえば、とっさに出た一言で二度と修復できない亀裂を生んでしまうこともあるでしょう。

Bさんは考えました。

「恋人と仲良くいたい。これからも付き合い続けたい」

「デートの時くらいは自分を見ていてほしい」

Bさんにとって、その恋人は大事な存在でした。だからこそ嫉妬したのだということも再確認できました。

さて、自分が相手に望むことがはっきりしたら、Bさんはそれを伝える必要があります。伝えるべき気持ちは「イライラしている」という二次感情ではありません。その根っこにある嫉妬心や、こっちを向いて欲しい、寂しかった、これからも関係を続けたいという本音のほうです。本音でやりとりをすれば、お互いの気持ちを屈折させて見失うことがありません。当然ながら相手にとっては、怒りよりも「あなたと仲良くしたい」というメッセージのほうが受け取りやすいものです。

Bさんは再び部屋に戻ると、恋人に切り出しました。自分が嫉妬していること、自分との時間を大切にして欲しいこと、これからも付き合っていきたいこと。正直な気持ちを率直に伝えたのです。自分のプライドが傷つけられたという怒りに任せたコミュニケーションとは全く異なる、静かでしんみりしたやりとりでした。恋人は、普段はなかなか本音を言ってくれないBさんが素直に自分への思いを打ち明けてくれたことが嬉しかったようです。

これが、マインドフルネスを使って自分の感情と向き合い、相手との親密性を高めるということです。

ソシャゲ依存から脱したDさん

ここで、もうひとつ、マインドフルネスを使う前と後の、夫婦のコミュニケーションの違いについて例を挙げます。

20代のDさんは職場で日々上司に叱られてばかりで、ひどいストレスを抱えています。マインドフルネスを学ぶ前のDさんは、家庭では一切仕事の話をしませんでした。妻に話したところで解決するわけではないからと考えていたためです。代わりに、溜まっていくストレスを解消するために、スマホのソーシャルゲームに夢中になっていきます。気づけば月に5万円も課金していました。

Dさんは「こんなにストレスが溜まっているんだからしょうがない。それもこれも上司のせいだ」と考えていました。とはいえ、お小遣いのすべてをゲームへの課金に使ってしまうため、友人に飲みに誘われても行くお金がなく、すべて断っていました。いや、正確に言えば、誰かと飲みに行くよりもゲームを進めたいくらい、ゲームに依存していたのです。

当然家族との会話どころではありません。Dさんは食事とお風呂以外は自室に籠っていました。夫婦の仲が疎遠になるだけでなく、家事もしないDさんに対して、妻は冷めていく一方でした。

そんなときDさんは、勤務先の福利厚生制度のひとつであるマインドフルネス講座を受けることになりました。まったく興味がなかったのですが、同僚に無理に誘われたからです。半信半疑で身体の感覚に目を向けてみると、自分の手足が非常に冷たいこと、体の筋肉が縮こまっていて固いことに気づきました。そして、これらは怯えや緊張の結果であることを知りました。

そこでDさんは初めて、いかに自分が上司に叱られるのが怖くてビクビクしているかに気づきました。「怖い」という感情を抱くと、自分が弱い存在になった気がして「イライラ」してみせていたのです。妻に仕事の話をしなかったのも、もしかすると上司を怖がっている弱い自分を晒したくなかったし、自分でも見たくなかったからかもしれません。

Dさんは思い切って、妻に職場で上司に叱られていること、あまりの剣幕に怖くて怯えていること、そんな弱い自分を忘れたくてゲームの世界に逃げ込んでいたことを話しました。妻は夫が急にゲームにのめりこんでいつもイライラしていた理由がわかって、少しほっとしました。

「それなら、もっと早く言ってくれたらよかったのに」

妻はそう言って、Dさんの好物のアジフライを作ってくれました。

不安な気持ちを妻に打ち明けたDさんの気持ちが軽くなったことは想像に難くありません。気持ちが軽くなると視野は広がるものです。

「上司に企画書の書き方の件で叱られることが続いている。叱られる原因がはっきりしているわりに、帰宅すればゲーム三昧の自分。そんな時間があれば、本当なら企画書の上手な書き方を先輩に習うなどすれば、解決するはずなのに」

そんな気づきも得られました。Dさんは自分の感情に気づき、妻に打ち明けたおかげで、根本的な原因に立ち向かう勇気をもらえたのです。

マインドフルネスの日常への取り入れ方

マインドフルネスを用いることで、普段は隠れている自分の水面下の感情に気づくことができ、本音を上手に取り入れたコミュニケーションが生まれること、それで親密な関係が築けることがおわかりいただけたのではないでしょうか。

そんなマインドフルネスを日常生活に取り入れる例をご紹介します。

・寝る前に布団の上でボディスキャン

……ついでにストレッチもするとリラックスして眠れそうです。

・通勤でマインドフルに歩く

……いつもの通勤路で季節に応じた植物、鳥のさえずり、自分の歩き方など、色々なものに注意を向けてみます。

・弁当をマインドフルに食べる

……昼休みに少し時間をかけてご飯を味わうと満足度が高まります。午後からの集中力が増すかもしれません。

・通勤電車で呼吸に注意を向ける

……スマホや文庫本を開くスペースさえない満員電車であっても、自分の呼吸に注意を向けることはできます。

ぜひマインドフルネスに取り組んでみましょう。皆さんならどんな場面で取り組むと、無理なく続けられるでしょうか?

マインドフルネスがうまくいかないときには

マインドフルネスを始めて、「あれ? 全然うまくいかない」「これでうまくいっているのかよくわからない」という声も聞きます。マインドフルネスは効果が数値で見えないぶん、取り組み甲斐がないとおっしゃる方もいらっしゃいます。以下によくあるマインドフルネスにまつわる疑問をご紹介します。

①マインドフルネスがどう役に立つのかわからない

これが一番多く寄せられる疑問です。心が落ち着くとか集中力が増すといった説明では、目に見えないし、主観の世界にすぎないからです。しかしマインドフルネスを通して、あちこちに行きがちで集中することが難しい私たちの意識は、ずいぶん統一できるようになります。その結果、次のような効果が得られます。

- 自分の感情に気づきやすくなって、感情に巻き込まれずにすむ
- 他に心配事があっても、目の前のことに優先順位をつけて取り組めるようになる
- 目の前の仕事など取り組まなければならないものに集中できる。結果、ケアレスミスが減る
- これまでよりも、俯瞰的なものの見方を身につけられる。その結果、些細なことでくよくよ悩まなくなる
- ピンチのときにも焦りにくくなる
- 過去の辛い体験に振り回されず、「今」を生きられるようになる
- 本当に自分が欲しいものに気づくことができるため、それを満たすことで建前ではなく、心から豊かな人生を送ることができる

●いわゆる「本音」に気づいてそれを相手に伝えれば、親密な関係になれる

②マインドフルネスは感情を割り切る練習？

このような誤解が生じやすいのも事実です。

浮かんでくる雑念にとらわれて、巻き込まれてしまうのは避けなければなりませんが、「無視」してなんでも押さえ込もう、割り切ろうとするのはマインドレスです。いつしか抑圧されたものが爆発します。

そうではなく、雑念の存在を認めつつも、それにとらわれずに、目の前のことに集中を戻すことがマインドフルネスです。無視と違い、「あるよね、そんな心配が」「うんうん、あるよね、そんな気持ちが」といったん感情の存在を認めてあげることで、それらは行き場を失いません。いわば感情の成仏みたいなものです。

いかがでしょうか？

自分の本音と向き合う時間を、一日のうちほんの少しでも持つだけで、自分を取り戻せます。また、その本音でつながるヨコのつながりで、豊かな人間関係を作っていきましょう。

第2節　親密さを高める行動のとり方

具体的な「行動」への移し方

ここからは主に「行動」についてお話ししたいと思います。自分の無意識の考え方のクセや、本当の感情を知ったうえで、どうすれば慣れ親しんだタテの関係ではなく、ヨコの関係を構築していくことができるのか、具体的な行動への移し方を見ていきます。

人は知らず知らずのうちに、特定の行動パターンに陥るものです。それがうまくいっているうちはよいのですが、誰かに裏切られたり、恥ずかしい目にあったりといった苦い経験が重なると、「もう傷つかないように信じるのをやめよう」とか、「目立たないようにしていこう」などと、行動パターンが慎重になっていきます。ヨコの関係とは、親密さでつながる関係です。どのような行動パターンが、親密性を高めることを妨げたり促進したりするのでしょうか。

いつも周りに気を使って誰とも親しくなれないCさん

第3章で登場した、妻と二人暮らしのCさんに再登場していただきましょう。

Cさんは休みの日に妻が自分と過ごさずに、テニスに出かけることについて「自分に愛情がなくなったんだろうか」と考えて、寂しさを感じていました。

Cさんは「自分は愛されない」スキーマを持っていました。最も心を許しているのは妻で、正直に言うと友達と呼べる友達はほとんどいません。学生時代の友人は卒業して就職すると、全国にバラバラになってしまいました。独身の人、結婚した人、子どもが生まれた人、社会的地位が変わった人など、ライフスタイルもさまざまで、年齢を重ねるごとに、昔のように気楽に会うことはできなくなりました。Cさん自身も転勤が多く落ち着かない生活であったため、昔からの友達とはほとんど連絡をとらなくなりました。

Cさんは、職場では礼儀正しく真面目な人です。同僚とも上司とも敬語で話して、プライベートな話は全くといっていいほどしません。他の同僚が会社の飲み会で羽目を外しても、お酒はほどほどにして努めて冷静でいました。二次会のカラオケでマイクが回って来ても、無難な歌を入れて適当に合わせるだけでした。誰かが社内のある人に対する愚痴を言い始めても、「まあまあ、そのぐらいにしておこうよ」となだめます。

そんないたって常識人のCさんですが、周囲からの評価はこうでした。

「可もなく不可もなく。いてもいなくても一緒」

いわゆる面白みのない人、という印象でしょうか。

Cさんの側からすれば、職場に適応しようと頑張って努力をしているだけです。決して間違ったことはしていません。いつも独りよがりにならないように気をつけていたし、相手に不快な思いをさせないように最善を尽くしていました。周囲にとても気を使っているので、たいへん疲れます。にもかかわらず周囲からの評価がイマイチであるだけでなく、誰とも親しくなれていない。

なぜでしょう。節度を持って周囲の人と接することは、職場の人間関係を円滑にするうえで大事なことなのに、Cさんの努力はなぜ報われないのでしょうか。

親密性の四段階

Cさんのとった対人関係の戦略（行動パターン）は、半分は成功していました。いわゆる常識的な振る舞いをすることで、「あいつは変なやつだ」というレッテルを貼られることを防げますし、初対面で「安全なやつだ」という安心感を抱いてもらいやすいのです。

対人関係には、次の図のような親密性の段階があるといわれています。下から順を追って、その文化で許容されるスピードで親しくなることがよし、とされています。あまりに初対面から馴れ馴れしい相手に対して引いてしまったことはありませんか。Cさんの常識的な人間関係の持ち方は、この段階を踏むやり方の原則に非常によく当てはまっています。

そのため、新入社員のときにはCさんは非常に高い評価を得ていました。親密レベルの段階にふさわしい付き合い方をすると相手は安心感を抱きます。Cさんは決して段階を飛び越えたりしない慎重な性格なので、相手から警戒されずにすみました。初対面の職場の相手なら、④からスタートすればいいのです。

しかし、入社して5年が経った秋のことでした。Cさんに困ったことが起こりました。

会社では秋に毎年恒例の社員旅行がありました。社員旅行の行き先は京都で、自由散策の時間が2時間ほどありました。Cさんは普段はしっかり者ですが、その日に限って、なんと財布を忘れてしまいました。お金の代わりに使えそうなものといえば、カバンのポケットに入れっぱなしだった、あるコーヒーチェーン店のプリペイドカードだけ。社員旅行ですから、財布はなくても電車やバスには乗れますし、旅館で飲食も宿泊もできます。しかし、自由散策の時間にはそれぞれが自分のお金で楽しみます。Cさんは、頭を抱えました。

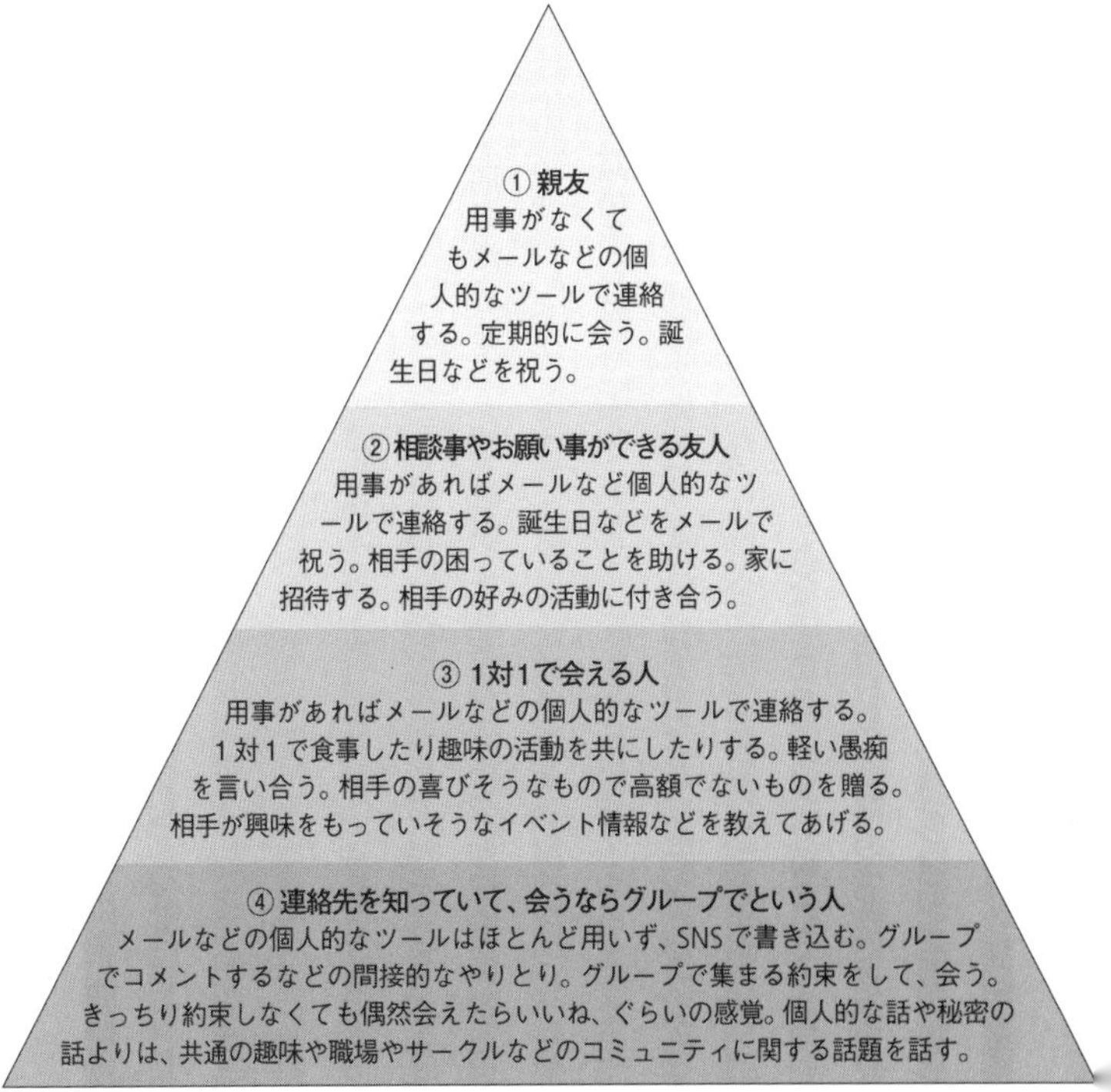
① 親友
用事がなくて
もメールなどの個
人的なツールで連絡
する。定期的に会う。誕
生日などを祝う。
② 相談事やお願い事ができる友人
用事があればメールなど個人的なツ
ールで連絡する。誕生日などをメールで
祝う。相手の困っていることを助ける。家に
招待する。相手の好みの活動に付き合う。
③ 1対1で会える人
用事があればメールなどの個人的なツールで連絡する。
1対1で食事したり趣味の活動を共にしたりする。軽い愚痴
を言い合う。相手の喜びそうなもので高額でないものを贈る。
相手が興味をもっていそうなイベント情報などを教えてあげる。
④ 連絡先を知っていて、会うならグループでという人
メールなどの個人的なツールはほとんど用いず、SNSで書き込む。グループ
でコメントするなどの間接的なやりとり。グループで集まる約束をして、会う。
きっちり約束しなくても偶然会えたらいいね、ぐらいの感覚。個人的な話や秘密の
話よりは、共通の趣味や職場やサークルなどのコミュニティに関する話題を話す。

対人関係における親密度の段階

「お金の貸し借りはしたくない……。大事な職場の人間関係なのだから」

入社5年目のCさんでしたが、正直親密レベルは誰に対しても④で止まっていました。お金を借りる行動は、少なくとも親密レベル②に該当する難易度です。Cさんは決心しました。

「よし、京都散策はあきらめてコーヒーショップで読書でもしよう」

プリペイドカードにこの日ほど救われたことはありません。自由散策の時間を、ひとりコーヒー店で潰しました。近所にもある、いつも飲んでいるコーヒーを飲みながら。

親密度を高めるには

そんなとき、同僚のひとりが、偶然Cさんがコーヒーチェーン店でひとりでいるのを見つけました。そして、

「京都まで来て、どうしてそんな店に入ってるの?」

と、笑いながら店内に入ってきて話しかけたのです。

Cさんは白状しました。お金を貸してくれとねだっているように聞こえると困るので、「ドジを踏んでしまった。仕方がないから放っておいて」と、気を使わせないように努力

しました。

しかし、事情を知った同僚は「早く言ってくれればよかったのに！　お金は貸すよ」と、Cさんを散策に連れ出してくれたのです。

Cさんは驚きました。社員旅行に財布を忘れて同僚に借金するなんて、とんだ失態です。なのに同僚は嬉しそうでした。そして、一緒に散策しながらなんとなく前よりその同僚と距離が縮まった気がして、Cさんも嬉しくなったのです。

そうです。おわかりのとおり、**親密性を高めるには、私たちは時々次の親密レベルに向かう行動へと変化を起こす必要があるのです**。Cさんは図らずも一段階飛ばしになってしまいましたが、これまでの親密レベルにとどまるだけでなく、勇気を出して次の段階の行動に出て、相手の様子をうかがうことが大事なのです。

しかしCさんは、自分からは決して次の親密レベルの行動をとろうとしませんでした。もし、相手がそれで迷惑そうにしたら……。そう考えると恐ろしかったのです。職場の同僚というこれから何十年も続く間柄で、冒険できない気持ちはおわかりいただけるのではないでしょうか。誰にとっても「今度二人で飲みに行こう」とか「休みの日にどこか行かない？」などの、一歩踏み込んだ提案には勇気がいるものです。

実験だと思うと一歩を踏み出しやすい

そこで、あと一歩を踏み込みやすくするための、認知行動療法のテクニックをご紹介します。

それは「行動実験」と呼ばれるものです。ひと言で言うならば「自分の思い込みが正しいかどうか実際に行動に移してみて、その結果を見て検証する」という方法です。

Cさんの社員旅行のケースを振り返ってみましょう。Cさんは当初「財布を忘れたことを話して『お金を借りたい』と頼んだら、同僚は迷惑がるだろう」と考えていました。

これがCさんの「思い込み」です。

この思い込みを「命題」として捉えて、この命題が真実かどうかを確かめる、というのが、この「行動実験」の手法です。具体的には「財布を忘れたことを正直に話してみるとどうなるだろう?」と考え、正直に話してみる。「試しにやってみるか」というスタンスでいけば、一歩を踏み出しやすくなります。

もうひと押し欲しい人なら、「もしも、自分の同僚で財布を忘れてきた人がいて、自分にそれを打ち明けてくれたとしたら、自分ならどう対応するだろう」と、立場を入れ替えて考えるのもよいでしょう。多くの人が決して迷惑がらず、進んで力になりたいと思うのではないでしょうか。少なくともCさんはこれまで常識的に、人を不快にさせないように神経を使ってきた人ですから、嫌われてはいないはずです。

とはいえ、実際の人間関係ではやはり一歩踏み出すのは勇気のいるものです。「あくまで仕事上の付き合いだと割り切られていないかな」「子どもの習い事が同じだから話してくれるだけかもな」「近所だから無難にいくほうがいいよな」など、私たちには多くの踏みとどまる理由があります。

それでも「よし、この人ともう少し仲良くなろう」と決めたら、一歩踏み出してみるのもよいでしょう。相手の反応を見てあまり乗り気ではない様子なら、また一歩戻ればいいだけなのですから。どんな偉人でも世の中の全員に好かれた人はいません。そう考えると、いくつか失敗することは最初から織り込み済みで、この「行動実験」を進めやすくなるのではないでしょうか。

いつも受け身でいることは安全策です。「来る者拒まず、去る者追わず」をモットーにする人もいるぐらいです。ただ、この方法を全員が取った場合に何が起こるでしょう。みんなが傷つかないように、無難に同じ親密レベルに留まり、発展させようとしない状態です。

この状態、実はあちこちで見かけます。近所でも、会社でも、親戚付き合いでも。長く続くと思われる関係ほど、みんな「失敗しない」「無難」を目指して、Cさんのように気を使い、結果的に親しくなれず、我慢を重ねてストレスを溜めています。

このまま年齢を重ねたとき、いつまでもよそよそしく、気を使い合う関係を続けられそうでしょうか。誰にも心を開けず、リラックスできない関係が続くことに、なぜそこまでエネルギーを注がなければならないのでしょうか。ちょっと踏み出して、だめならまた元に戻るだけ。長い人生を親しい人に囲まれて送るためにも、やってみる価値があると思いませんか。

最後に、次の親密レベルに進むための起爆剤となるような行動の例をお示しします（左ページ）。できそうなものからチャレンジしてみてはいかがでしょうか。街頭でのビラやティッシュ配りのアルバイトと同じで、回数を重ねれば、断られることにも慣れてくるものです。

相手との親密性を高めるための行動

現在の相手との親密レベルの次のレベルの行動をとってみます。
以下に具体例を示します。自分が取り入れたいものに✔を入れてみましょう。

- [ ] 「最近どう?」の近況報告メール

- [ ] 相手の好みの店に誘う

- [ ] 誕生日などにお祝いメール

- [ ] 同じ趣味で盛り上がる

- [ ] 相手が困っているのを助ける

- [ ] 楽しいことを一緒にする

- [ ] 相手の愚痴や自慢話につきあう

- [ ] 時には一緒にバカらしいことをする

- [ ] 信じて頼る

- [ ] お裾分けをする

- [ ] 自分の失敗談や弱いところを話す

- [ ] 本音や秘密を打ち明ける

第3節　対話して関係を続ける

人間関係が長続きしないのはなぜか

ここまで、タテの関係ではなくヨコの関係で、相手と少しずつ親しくなるための方法をお話ししてきました。ここまでお読みになって、あることが気になっていらっしゃる方もいるのではないでしょうか。

「人間関係は、続けていくのが一番難しい」

まさにその通りです。先ほど親密さをステージに分けてご紹介しましたが、一度親しい関係を作れば、後は自動的に親密な関わりが続いていくほど、人間関係が簡単でないことは皆さんそれぞれが実感していることだと思います。ましてや波風を立てない「無難」な人間関係ではなく、親しい関係を続けていくとなるとなおさらです。私たちが長く続くと考えられる人との関係においてもなかなか打ち解けることができないのは、親しい関係を継続していく難しさにも原因があるのではないでしょうか。

ここからは、一度築いた親密なヨコの人間関係を「継続」していくためのちょっとしたヒントをご紹介したいと思います。

妻の感情の爆発に辟易するDさん

本節では最も身近な人間関係のひとつである、パートナーとの関係の例を見ていきたいと思います。第1節に登場した、職場のストレスを溜めてソーシャルゲームに依存しがちなDさんに再びご登場いただきます。

Dさんは結婚して5年が経ちました。妻との間には3歳の娘がいます。しかし、子どもが生まれてから妻は変わりました。Dさんが仕事で遅い時間に帰宅すると、ひどく怒るのです。

妻とのいさかいを避けるように、Dさんはまっすぐに家に帰らずに、漫画喫茶に立ち寄って、わざと深夜に帰宅するようになりました。正直に言えば家に帰って早く風呂に入り、睡眠をとって体を休めたいのですが、こんな寄り道をしているせいで、ますます疲労が溜まっています。Dさんは、なんとか妻との関係を修復しようとしますが――。

D「ああ、今日も疲れた。上司はほんとに口うるさいんだ。……え、今日晩ご飯ないの?」

妻「……は？　こっちだって疲れてるのよ。仕事って休憩時間があるよね？　こっちはそんなものなんてなくて、丸一日この子の面倒をみてるんだから」
D「……飯買って来る（バタンと大きな音を立ててドアを閉めて家の外に出る）」
妻「なによ。自由に外出してご飯買ってこられるだけ羨ましいぐらいよ」

非常に険悪な様子がおわかりいただけたでしょうか。

この場合、険悪な理由をDさん一人に求めるのは酷でしょう。しかしまずはパートナーのリアクションは脇に置いて、Dさんのどこがまずいコミュニケーションだったのかを考えてみましょう。

Dさんは自分の疲れやストレスをまず主張し、夕食の準備をしていなかった妻を批判しました。最初に自分の主張が出ると、相手も同じように自分の主張を重ねているのがわかります。夫婦がお互いに疲れていて余裕がない状況なのは一目瞭然ですが、これでは決裂してしまいます。

親密な関係における対話の手順

ではどうすればよいのでしょうか。参考になるのは、アメリカの精神科医であるデビッド・D・バーンズ先生による「親密な関係における対話の手順」です。

バーンズ先生は、全米で発売以来300万部を超えるベストセラーになった話題作『Feeling Good』（邦訳『いやな気分よ、さようなら――自分で学ぶ「抑うつ」克服法』）の著者であり、認知行動療法のテクニックを用いたセルフヘルプ本を多く出版している有名な精神科医で、日本においても多くの人がその著書を手にとり、うつ病を克服していきました。そんな彼が対人関係をよくするために用いることのできる認知行動療法のテクニックをまとめたものに『Feeling GOOD Together』（邦訳『人間関係の悩み さようなら――素晴らしい対人関係を築くために』）という本があるのですが、その中で、親密な関係における対話の手順について次のように述べています。

① まずは、相手の心情について共感する
② 相手に対して「大事なんだ」「今後も親しくしていきたい」という気持ちを伝える
③ 自分の心情を伝える

私たちはつい相手の誤解を解きたい、自分のことをわかってもらいたいという気持ちから、自分の主張である③を先にしてしまいがちです。しかし、バーンズ先生はそれではうまくいかない、あくまで、相手の心情について共感することから始めなければならないと言います。

それぞれの項目を詳しくみていきましょう。

①まずは、相手の心情について共感する

自分の心情を理解してもらいたい気持ちをぐっとおさえて、まずは相手の心を理解して、共感します。しかし実際には、共感するのはメンタルヘルスの専門家でも難しいものです。相手の心情に共感するためには、相手の置かれている状況を正確に知り、その状況でどのように感じているかを知る必要があります。夫婦や親子のような親しい間柄であっても、そのときのことをどのように体験しているかは、聞いてみないとわからないものです。

そうです。わからないものは積極的に質問しながら確かめて、そこから得た相手の心情に共感していくのです。これを「**積極的傾聴**」といいます。そうして相手の心を解きほぐ

すことからすべては始まります。
その過程で、相手の心が傷ついて興奮している状態から、こちらの心情を受け入れて対話ができるような準備状態を作り出していきます。

「積極的傾聴」を用いる

ここで、Dさんのケースに戻って考えてみましょう。自分の心情を真っ先に伝えるのではなく、妻の心情を察して共感することを意識してみました。

D「ただいま。今日も遅くなってごめん。いろいろ負担かけたんじゃないかな?」
妻「この子、今日全然言うこと聞かなくて、暑い中ずっと公園遊びにつきあって、へとへと」
D「今日すごく暑かったから、大変だったね。言うことを聞かないって、どんな感じだったの?」
妻「あの子ったら13時になるのに、お昼も食べずにどうしても遊びたいって言って聞かないのよ。おなかもすいて暑いからぐずるのに。だから家に帰ってご飯食べようって言うのに、泣いちゃって。結局お昼を食べたのが15時。夕食も入らなくなって、結局インスタントラーメンを20時に食べてから、さっきやっと寝たばかりで。あなたの夕食作る暇もなくて」

D「休みなしでへとへとだろう。イライラもしたろうし。本当にありがとう」

妻「本当にへとへとよ。もう、体力も気力も使い果たしたわ」

Dさん、聞き上手ですよね。妻が今日一日どんなに育児が大変だったかを気持ち良く吐き出せている様子がおわかりいただけたでしょう。

こうした共感と積極的傾聴を、帰宅後の疲れている状態でできればたいしたものです。Dさんにも聞いてほしい愚痴が山のようにあるし、疲れもあるし、さっさとお風呂に入りたいし、ご飯だって食べたいでしょう。もちろん、シャワーを先に済ませて、少し落ち着いた状態に自分を持ってきてからこの対話を始めるのも得策です。共感の部分は、かなり想像力、集中力、忍耐力が必要ですから。

わざわざ言葉にしないと伝わらない

次のステップに進みましょう。対話の手順の2番目です。

②相手に対して「大事なんだ」「今後も親しくしていきたい」という気持ちを伝える

これから始める対話の先に、相手への敬意や親密になりたい意思のあることをはっきりと言葉で伝えます。一見対立してみえるような意見であっても、実は「この組織をよくしたい」「穏やかな関係でいたい」「子どもの成長を促したい」など、同じゴールを抱いていることは多いものです。こうした共通認識を持つことのできるところを確かめていくことで、大切な他者としてやっていける手応えを得られるでしょう。

Dさんが妻と対話する目的は「穏やかで休息できる家庭を築くこと」でした。そのために妻とうまくやっていきたいと思っています。妻のことは大事に思っているし、昔自分が上司に叱られてピンチのときに、怖がる自分を受け入れてくれた優しいパートナーです。出産後、妻は人が変わったようにイライラしていますが、その変化についても、なんとか二人で乗り越えていきたい――。

Dさんは夫婦間でわざわざこうした思いを言葉にして伝える必要はないと思っていまし

た。照れ臭いし、自分の両親だってそんなふうじゃなかったからです。言わなくても態度で示すべきだと思っていましたし、言葉で言うのは格好が悪い気もしていました。実際、多くの方もそうだと思います。

しかし、あえて口に出してみることにしました。子育てが始まってから妻は子どもと一緒に寝てしまうことも多く、深夜帰宅のDさんとはすれ違いの生活で、あまり会話をする時間がなかったからです。こうしたときこそ、短い時間でも明確に自分の気持ちを伝える必要があるのです。

D「改まっていうのもなんだけど、いつもありがとう」
妻「ちょっとどうしたの、なんか変よ、今日」
D「いつもなかなか言葉にしてなくて。子どもが生まれてなかなか話す時間も減ってしまったけど、やっぱり君と結婚できてよかった」
妻「……いや、私だって……」
D「これからもずっと一緒にやっていきたいんだ」

照れくさいのと、日頃の不満だってあるのとで、Dさんがこんな言葉を口にするのには抵抗があったことは想像に難くありません。しかし、妻は夫がいつもの戦闘モードではなく、あきらかに雰囲気が優しくなったことに驚きました。また、Dさんは妻の嬉しそうな顔を見ることができて、言って正解だったなと思いました。その過程で、Dさん自身の心も穏やかになっていきました。

客観的な事実を述べてから自分の気持ちを伝える

ここまでの手順で対話を重ねてくれば、お互いに相手の言い分を聞けるような心のゆとりが生まれます。そして、自然に口調も穏やかになれますし、冷静な判断力も戻ります。ここで3番目のステップです。

③自分の心情を伝える

ここでようやく、Dさんは自分の心情を伝えるのです。

伝え方のポイントは、なるべく客観的な事実を述べてから、自分の気持ちを伝えるということ。親しい間柄の場合、わざわざ説明をしなくてもわかるんじゃないかと、つい省略してしまいがちですが、相手に共感してもらうためにも必ず伝えましょう。そのうえで、相手にして欲しいことがあればお願いしてみてもよいでしょう。

Dさんの場合にはこんなふうです。

D「最近、異動があって新しい上司がきたんだけど、その人がさ、すごく口うるさいっていうか、全然合わないんだ。けっこうそれでまいってる」

妻「そうだったんだ」

D「正直、心も体も疲れていて」

妻「うんうん」

D「君には家のことも子どものこともしてもらっていて、それで僕以上に疲れているかもしれない。これまでろくに家事も育児もしてこなかったけど、これからは少しでもできるようになりたいと思っている。やり方を教えて欲しい。そうして僕が子どもをみている間に、君はゆっくりひとりで休んで欲しいんだ。同じように僕にもそういう時間が欲しくて。どうかな?」

妻「なるほど。お互いにひとりの時間が持ちたいってことね」

D「これまで散々君ひとりに任せてきたのに、虫のいい話かもしれないけど」
妻「私ね、ひとりで身軽に熱々のラーメンを食べたいわ。誰にも邪魔されずに、食べごろを逃さずに。美容室にも行きたいし。週末ぐらいは子どもから離れたい」
D「そうしよう。ぜひ」
妻「そしたら、あなたにもおひとり様の時間をあげるから」
D「そうしよう。ありがとう。僕はひとりでとにかくゆっくり眠りたいんだ」

交渉成立のようですね。

言うは易しと思われるかもしれません。しかし、Dさんがもし「俺だって疲れているんだ！」という言い方をしていたら、こんな話し合いにはならず、「こっちのほうが大変だ」合戦が延々と繰り広げられていたでしょう。

Dさんは相手の心情と自分の心情の両方を考慮して、解決策を提案しました。その提案も一方的ではなく、「どうかな？」と妻に意向を尋ねています。こうして丁寧に相手の反応を引き出しながら意見を擦り合わせ、落としどころを見つけていることも見習いたい点です。

感情を爆発させて対話にならない相手とどう接するか

とはいえ、世の中の夫婦はDさんのように、短時間で順調に対話のできる夫婦ばかりではないでしょう。中には、妻に共感しようとした途端、妻が堰《せき》を切ったように感情を爆発させてしまい、話し合いどころではなくなったというケースもあるようです。それどころか、夫婦の会話が、口を開くたびに何十年も「あのときのあなたはひどかった。冷たかった」と恨み言ばかりになって止まらないという例も見聞きします。こうなると、どんなにこちらが対話を試みても、心が折れてしまいそうです。

ここでみたび第1章に登場した、仕事人間だった元予備校講師のAさんに登場してもらいます。

Aさんが退職後、妻は毎日のように終日スポーツクラブに行きました。それでAさんは孤独を感じているのでしたね。妻のスポーツクラブ通いは今に始まったことではなく、仕事に行ったきり夜中まで帰宅せず、一切の家事も育児もしてこなかったAさんの不在時間に、熱心に通っていました。といっても、それも子どもたちが大学生になり、家を出てからのことです。それまでは、朝5時に起きて夫と子どもたちのためにお弁当を作り、塾の送り迎えに、息子の習っていた野球の遠征試合の引率、地域行事への参加に、親戚付き合い、家事などすべてを妻がひとりでこなしていました。ようやく妻は自分のために使える時間を手に入れたのです。

そんな中で、夫が退職し、毎日のように家にいるようになりました。妻はこんな心境でした。

「せっかく自分の好きなように時間が使えるというのに、夫が毎日家にいるなんて、勘弁してよ」

妻の気持ちとは対照的に、Aさんは孤独感に襲われて、日に日に暗い気持ちになっていきました。Aさんにとって唯一そばにいるはずの妻は、毎日出かけて自分を置いていくのです。寂しい気持ちでした。こんな男性を指す言葉として「濡れ落ち葉族」などという言葉が生まれたほど、非常によくあるケースです。外の掃除をしていて、掃いても掃いてもホウキにまとわりついてくる濡れた落ち葉のように、妻にしがみつく情けない夫の様子を指す言葉です。あんなに仕事を頑張ってきたAさんが、仕事がなくなったらそんな言葉で表現されるのは悲しいことです。

こんな夫婦の温度差を抱えたまま、日常生活がうまくいくわけはありませんでした。

ある朝、あまりに孤独な日々を過ごすAさんは、スポーツクラブに行く支度をする妻にこう言いました。

「今日は日曜日だろう？　週末ぐらい、家にいたらどうだ」

妻は聞こえないふりをしました。急いで出かけないと朝一の楽しみにしているレッスンに間に合わないからです。するとAさんはさらに声を大きくして言いました。

「朝ご飯も用意せずに、どうして出かけられるものかね」

妻はとっくに朝ご飯を済ませていましたが、朝なかなか起きてこないAさんのご飯は食卓に並べられていません。冷蔵庫には、温めればすぐに食べられるように、味噌汁もおかずもあるのですが。妻はこの言葉を聞いてカチンときました。

「土曜も日曜もなく、仕事にばかり行っていたのはどなたでしたっけ。私は年中無休で子育てをしていたんです。あなたはもう大人なんだから、朝ご飯ぐらい、自分で温めて食べたらどうなの！」

妻のこの言葉は、これまでこんな言い方をしたことがなかったことも相まって、Aさんには驚くべきものでした。自分は仕事でこんなに努力してきたのに、妻は仕事をスポーツクラブ通いと同じくらいのものと思っているのでしょうか。遊びじゃないのに！

「お前のスポーツクラブは遊びだろう！　仕事と一緒にするな！」

険悪な雰囲気のまま、妻は飛び出していきました。Aさんも怒りが収まりません。妻にバカにされた気分でした。

こんなとき、皆さんはどうしますか？

一番近い存在だと思っていた妻が、自分の仕事に対してこんなに無理解だったとは。失望でしょうか。怒りでしょうか。職場は自分の成果を「給料」という形で示してくれていましたが、妻はこんなにも冷たく、自分を評価していませんでした。家族のために歯を食いしばって働いてきたというのに、なぜこんなに責められないといけないのでしょうか。

妻の側からすれば、長年の我慢が爆発した瞬間でした。ひとりでどれほど大変だったか、夫はまったく理解していないのです。仕事がそんなにえらいことでしょうか。妻だって子どもを産むまでは働いていました。けれども子育ては24時間体制、年中無休です。よほど仕事より大変だと感じていました。自分の体調の悪い中で夜泣きに苦労したり、雨の中をひとりで二人の子どもを幼稚園に送り迎えしたりした日々を、子育てに一切参加しなかった夫が理解できるわけがありません。

数十年分の感情の爆発を受け止め切れないAさん

その日、妻は夕方帰宅しました。これまで我慢していた感情も、一度出始めると際限なく止まりません。妻は焼き魚と味噌汁とサラダの夕食を出しました。Aさんは無言で食べます。

妻はボソッとこう言いました。

「こうやって当然のように夕食が出てくると思わないで。私はいつも出かけている先でも家族のために、今日の夕食は何にしようって、間に合うように準備しなくちゃって考えているの。これって一生続くのよ。仕事じゃないのに。これまで散々家のことも子どもたちのことも私だけに押し付けてきたこと、あなたはわかっているの？」

Aさんは怒りと悲しさを感じながらも、なんとか妻にまずは共感しようとしました。前出の対話の手順をたどろうとしたのです。

「これまでたくさん苦労かけてきたのはわかる。家のことだって全部任せきりだった。すまない」

それでも妻の怒りは収まりません。

「わかるはずがないわよ！　あなたが一度だって子どもたちをお風呂に入れたことがある？　学校の担任の先生の名前だって知らなかったでしょう！　やったこともない人が、簡単に〝わかる〟なんて言わないでよ！」

「そうだけど……」

「仕事だけしていればいいと思っていたわけ？　そんな時代じゃないのよ。下の子が学校でいじめられたときだって、あなたは何にもしなかったじゃない。あなたがいつも家にいなくて父親としてしっかりしてないから、あの子は気が弱くていじめられるような子になってしまったのよ。父親として失格よ。私はいつもあなたがいないから、ひとりでやっていくしかなかった。一生懸命我慢して、自分ひとりでがんばってきたのよ」

妻の話は子育てから近所付き合い、親戚への不満へと際限なく広がっていきました。何十年にもわたって溜まっていた膿《うみ》が、次々に噴き出してくるようでした。夜中の3時を過ぎても怒りは収まらず、Aさんは寝かせてもらえませんでした。

翌日も、その翌日も、妻はAさんの顔をみるたびに怒りの感情が高まり、不満を口にしたり、無視したりしました。

こんなことが半年ほど続いて、Aさんは妻となるべく顔を合わせないようにすることにしました。下手に口を利くと、また怒りの爆発が始まるからです。

起きている問題を仕分ける

さて、これほど相手の怒りの爆発が続くと、もはや対話は困難です。かといって、Aさんのように接触すら避けるようになると、二人の関係はますます修復困難なものになっていきます。ここまでは大切な人との対話について学びました。しかし中には、相手の感情の爆発が長時間(または長期間)にわたる、寝かせてもらえない、家の中に入れてもらえないなど、自分の生活を脅かされる場合もあります。

そのようなときには、次ページの図のように、起きている問題の仕分けが必要です。ふたりの関係の中で生じている問題、自分の問題、相手の問題とを仕分けることで、それぞれの問題に巻き込まれることなく、落ち着いて徐々に解決に向かうことが可能になります。

Aさん夫婦の場合は、夫婦というそれぞれの個性の組み合わせの結果生じている問題があります。これについてはふたりで向き合って、ふたりの責任のもとに解決していくべきでしょう。

たとえば、仕事中毒のAさんと家事に子育てに奮闘したその妻は、お互いの立場に対して共感が不足していることが問題のひとつです。お互いがそれぞれに頑張っていたことは

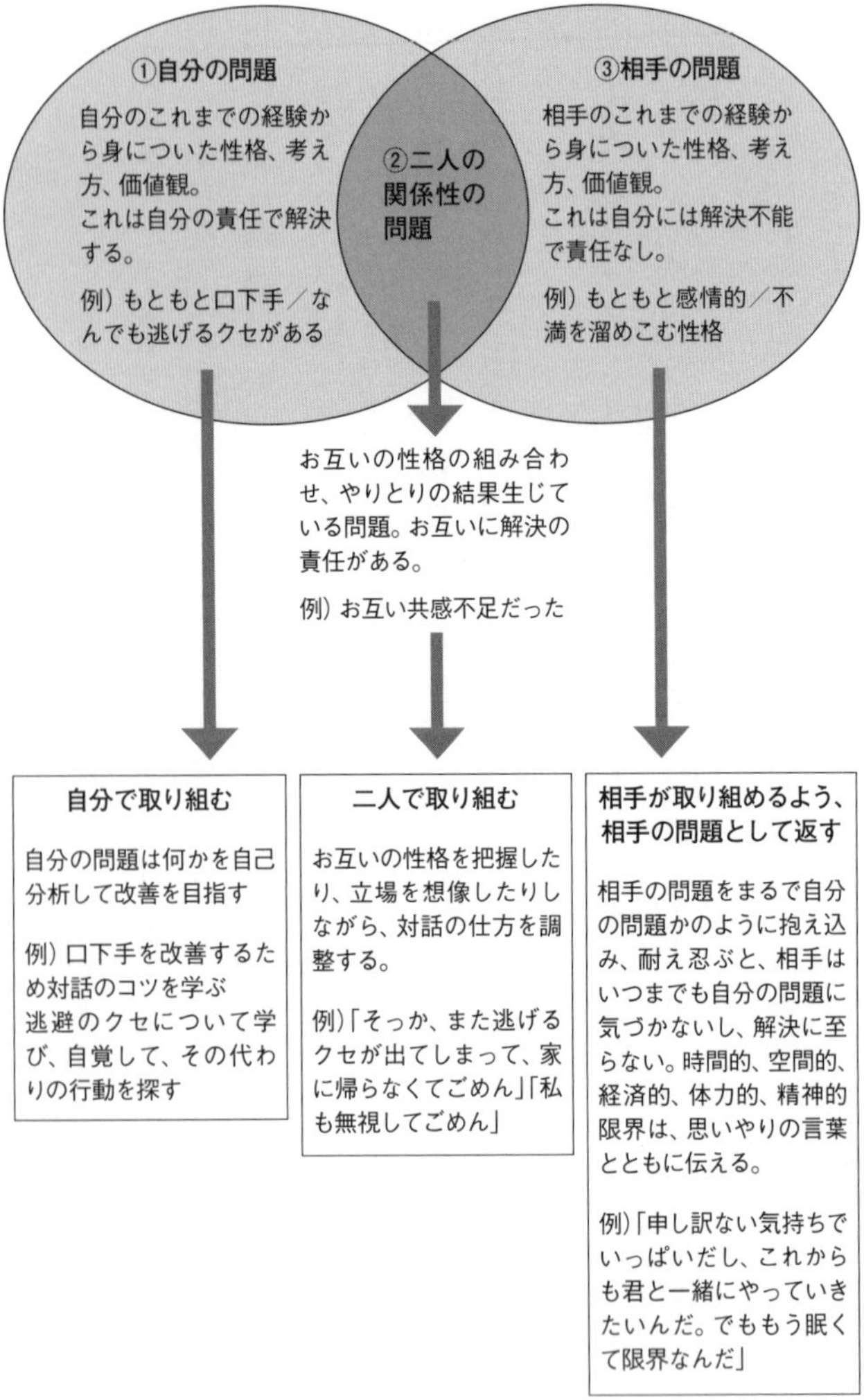
①自分の問題
自分のこれまでの経験から身についた性格、考え方、価値観。
これは自分の責任で解決する。
例）もともと口下手／なんでも逃げるクセがある
②二人の関係性の問題
③相手の問題
相手のこれまでの経験から身についた性格、考え方、価値観。
これは自分には解決不能で責任なし。
例）もともと感情的／不満を溜めこむ性格
お互いの性格の組み合わせ、やりとりの結果生じている問題。お互いに解決の責任がある。
例）お互い共感不足だった
自分で取り組む
自分の問題は何かを自己分析して改善を目指す
例）口下手を改善するため対話のコツを学ぶ
逃避のクセについて学び、自覚して、その代わりの行動を探す
二人で取り組む
お互いの性格を把握したり、立場を想像したりしながら、対話の仕方を調整する。
例）「そっか、また逃げるクセが出てしまって、家に帰らなくてごめん」「私も無視してごめん」
相手が取り組めるよう、相手の問題として返す
相手の問題をまるで自分の問題かのように抱え込み、耐え忍ぶと、相手はいつまでも自分の問題に気づかないし、解決に至らない。時間的、空間的、経済的、体力的、精神的限界は、思いやりの言葉とともに伝える。
例）「申し訳ない気持ちでいっぱいだし、これからも君と一緒にやっていきたいんだ。でももう眠くて限界なんだ」

事実ですが、相手よりも自分のほうが大変だという思いが強すぎて、相手に優しくなれていません。この背景には、お互いの立場を未経験であるという限界もあるでしょう。

それぞれにも問題があります。Aさんは仕事に熱心という見方もできますが、プライベートにおける対人関係の自信のなさや、家庭内で生じた問題（息子が学校でいじめられていることなど）から逃げ去るようにして仕事に没頭していた点は否めません。こうした逃避癖はAさん自身が責任を持って向き合い、解決すべき問題でしょう。

一方で、妻にも問題があります。ひとりですべてをこなすことは本当に大変だったでしょう。誰にも頼れなかった事情もあるのでしょう。しかし、数十年にわたり夫や周囲にこの大変さを伝え、助けを引き出さず（出せず）、ひとりで抱え込んだことは妻の問題です。「助けてもらえない」と主観的には思っていたはずですが、結果的にその選択をしたのは紛れもない妻です。仕事ばかりで家庭を顧みない夫に対する仕返しやプライド、意地のようなものがあったのかもしれません。

仕事に逃避するAさんと、不満を溜め込みながら意地でもひとりでやってしまう妻という組み合わせ。二人の問題としては、合わせて「対話不足」が挙げられるでしょう。

こんなふうに仕分けを進めていくと、解決策も見いだしやすくなります。

Aさんは、長年溜め込んだ妻の不満にどこまで付き合うべきでしょうか。二人のお互いの共感不足、対話不足が問題なのに、夜中まで過去のことを何度も持ち出されて、際限なく不満を浴びせられるのは、もはや二人の問題の範疇《はんちゅう》を超えています。妻の問題の領域なのです。基本的に二人の問題の解決の責任は二人で負いますが、Aさんは妻の問題をどんなに頑張っても解決することはできません。妻の代わりとなって不満を主張することはできないからです。その代わりに、不満を小出しにして言いやすくする状況を整えることならできるでしょう。定期的に食事に行くなどして、対話のチャンスを設けることもできるでしょう。

とはいえ、これはAさんの心の中の仕分けです。妻は長年の怒りを溜め込んでいますから、引き続き怒りの爆発は続くかもしれません。

それでも、心の中の仕分けをしていると、余計には問題を引き受けすぎずにすみます。

それはいったい、どういうことでしょうか。

それでも続く不満の爆発の連続にどう対応すべきか

問題を仕分ける前、Aさんは、妻に対して果てしなく謝り続けるしかないと考えていました。そう考えるとうんざりして逃げ出したい気持ちになりました。こんな気持ちは妻にも透けて見えます。うんざりした表情で表面的に謝罪しながら、妻を避けるようになったAさんの態度は、ますます妻の怒りを増大させていきました。

こうした悪循環は、Aさんが妻の問題を背負いすぎて、解決できないことまで解決しようとしていることが挙げられます。Aさんに解決の責任のある範囲に関しては、もちろん対話してお互いをわかり合うことが重要でしょう。しかし、無限にこれが続くとなれば、先ほど述べたとおりAさんの態度もなおざりになります。それだけでなく、妻自身も際限なく、感情にブレーキが利かなくなる恐れもあるのです。

こうした対人関係のすれ違いに関して心理学の分野でよく使われるのは、「**スポンジにならず、鏡になろう**」というフレーズです。スポンジのように相手の言うことなすことを全て吸収して我慢するのは続かないし、相手の問題を悪化させてしまう。家族はセラピストにはなれないし、なる必要もないということです。

代わりに、相手を映し出す鏡のような対応がいいと言われています。つまり「夜中まで話し合うのは無理」とはっきり伝えるのです。相手の反応とは関係なく、Aさんには夜寝る自由はあってしかるべきなのです。

ですからまずは、Aさん自身が自分できちんとそう思えるようになることを目指します。

「そんなことを妻に伝えたら、火に油を注ぐことになるんじゃないのか？」といった声が聞こえてきそうです。おそらく、そうなることでしょう。しかし、妻のその反応を解決する責任は誰にあるのでしょうか。Aさんではありません。

実際のところ、どんなに手を尽くしても、際限のない妻の怒りの感情に襲われて、Aさんは精神的にまいってしまう可能性があるほどです。たとえ事の発端が自分の責任であるとしても、相手にしか解決できない領域の問題は存在します。また、話を聞き続けることは、相手の問題をこじらせ、相手の解決能力を削いでしまうことさえあります。

こうした点を心得て（経験しないとなかなか実感を持ちづらいのですが）、自分のできる範囲を見定めて、その範囲で最善を尽くして相手に共感することをおすすめします。

その後のAさん夫妻

その後のAさんのお話です。Aさん夫妻の転機は突然訪れました。

Aさんがいつものように家にいると、突然電話がかかってきたのです。

電話は妻のスポーツクラブからでした。妻が突然倒れたというのです。Aさんは急いで車で迎えに行きました。妻が倒れた原因は熱中症のようでした。妻が熱中症になった原因は、睡眠不足なのに運動をしすぎていたことも一因のようでした。病院では、家でしばらく安静にするように指示が出ました。

夫婦が長い時間家に一緒にいたのは久しぶりでした。妻はふらふらして、立ち上がることもままならず、Aさんは食事の世話やトイレへの付き添いまですることになりました。Aさんにとっては、毎日暇で誰からも必要とされていない感覚があったので、妻の看病をするのはいいチャンスでした。もちろん最近の険悪な夫婦関係では気まずさもありましたが、これ以上逃げるわけにはいかないと思いました。看病をすることで、妻の長年の恨みが、これで少しでも晴れてくれたらと思いました。

一方、妻の側は「今まで散々仕事人間だった夫に、家事や私の看病などできるはずがない」という思いがありました。しかし自分ではもはや入浴すらままならない無力な状態です。Aさんの家事にはもちろんいろいろと不足の点がありましたが、不満を言える立場ではありません。仕方なく寝ているしかありませんでした。Aさんは料理をしたことがなかったので、台所のどこに鍋があるのかさえ知りませんでした。それでも朝早くから起きて、フライパンを探し出したり、調味料と格闘したりしながら、毎日のようにご飯を作りました。夕方になると、翌朝のご飯のメニューまで心配するようになりました。

「妻はいつもいつも、こんなふうに家事をしてくれていたんだな」

Aさんは、本当の意味で共感できたように思いました。

妻としては、言葉にはしなかったものの「そんな短期間で私の苦労をわかった気にならないで。私はこれに加えて子どもを二人育てていたのよ。家事を一人で黙々とできるぐらいならどんなに楽だったことか」と、まだ腹を立てています。

それでも毎朝、台所から聴こえてくるAさんの不慣れな包丁の音や、炊けるお米の匂いによって、その怒りが少しずつおさまってきました。

こうして夫婦はその後も、ぎこちない会話を重ねていきました。そうして次第に、二人の間の緊張がとけていきました。二週間たったある日、妻がこう言ったのです。

「シャーベットが食べたいわ」

Aさんが妻からこんなにストレートに頼られたのは初めてでした。

シャーベットには、実は夫婦の思い出がありました。まだAさんたちが結婚する前、Aさんが高熱を出してしまったときに、妻がレモンのシャーベットを作ってくれたのです。

ひんやりとしたさわやかなレモンの香りが、食欲が失せて乾いて火照った口の中に広がって、Aさんは優しさに泣いた過去がありました。

Aさんは、それを思い出しました。なんだか妻が昔に戻ったような気がしたのです。近くのコンビニまでレモンシャーベットを買いに行き、息を切らしながら戻ってきたAさん。妻と二人で口にしました。夫婦の間に、久しぶりに温かいものが生まれた瞬間でした。

第5章

自分で自分を評価する生き方

第1節　自己評価システムを見直す

定年後は自分を評価してくれる人はいない

これまで多くの具体例を通して、ヨコのつながりの中で人との親密さを高め、人間関係を持続していくためのヒントをご紹介してきました。

しかし定年後、それも70代以降になると、親しい人との離別も増え、孤独な状態は否が応でも訪れます。また第2章でも述べた通り、どんなに親しい仲でもその人の問題をすべて代わってあげられないような、生まれたときから誰もが持っている孤独が人間にはあります。

本書はこれまで、孤独な状態をそもそも作らずに親密で豊かな人間関係を築く方法をご紹介してきました。しかしこの最後の章では、それでもすべての人に訪れる（または本来的に持っている）孤独に対して、その孤独を無視せずに自分を見つめ、自分で孤独を癒す方法をご紹介していきたいと思っています。

いうなればそれは、「孤独に強い生き方のコツ」と言えるかもしれません。これからお伝えしたいのは、「自分で自分を評価する方法」です。

会社組織では、他者に評価されることによって初めて自分の価値や居場所が与えられると言っても過言ではありません。もちろん自分の仕事をどう捉えるかは個々人の問題ですが、考課査定や役職によって報酬が決まり、他人に自分の仕事を認めてもらって成立するのが一般的である以上、多くの仕事は他者評価なしでは成り立ちません。

しかし定年になって仕事というシステムを降りたとき、そこにあるのは「今までのように自分を評価する人がいない」世界です。今まで会社員として何十年も他者の評価に依存せざるを得なかった多くの人は、そのとき何を思うのでしょうか。

「自分を自分で評価する」とは、そうなったときに大きな意味を持ってくる考え方です。

何をしてもいいのに、何もやりたいことがない

しかしそうは言っても、多くの人は自分で自分を評価した経験がないのではないかと思います。

そこで、ここでまた、仕事人間の元予備校講師、Aさんに登場してもらいます。

Aさんは退職後、毎日終日スポーツクラブに行く妻を横目に、孤独を感じていました。

そんな孤独な時間を埋めるために、「何か趣味でも持とうか」と思うのですが、何をしても楽しくありません。今話題の「終活」でもしようと思うのですが、これまたやる気が起こりません。

仕事にはあんなに情熱を注げたのに、どうしてここまでAさんは無気力になってしまったのでしょうか。

第4章の終わりでは、妻が倒れたことでAさんは奮起しました。きっと彼は「誰かのために」「救うために」ならやる気を出せるのかもしれません。予備校講師時代にも「生徒のために」「学力向上のために」と頑張ってきたからです。

しかし「自分のために」となると、どうしてもやる気が出ないのです。もともと物欲もなく、買い物もほとんどしないタイプでしたし、旅行に行っても気分転換というより疲れてしまうタイプです。これといった趣味もなく、本当に「自分は空っぽだ」という感覚があります。この先まだまだ長いのに、こんなにも欲がないと、ただただ時間を持て余してしまいます。

マイナスを避ける動機付け、プラスに近づく動機付け

ここでいったんAさんの話から離れて、動機付けについて解説をします。

一般に、動機付けは2つの種類に分けられます。マイナスを避ける動機付けシステムと、プラスに近づく動機付けシステムです。例を挙げると次の通りです。

マイナスを避ける動機付け

（例）

・上司に叱られないように仕事を締め切りまでに仕上げる。
・クレームがこないように、質の高いものを作り上げる。
・先生や親に叱られないように勉強する。

プラスに近づく動機付け

（例）

・成果が数字ではっきりと表れて、それを会社が評価してくれる。
・取引先に喜ばれるものを提供できる自分自身がうれしい。誇りだ。
・学ぶこと自体が好きで、資格取得の勉強を頑張れる。

皆さんは、日頃どちらの動機付けで動いていることが多いでしょうか。

日本の男性は「マイナスを避ける動機付けシステム」で働く方が多いと言われています。「自分が働かないと、家族が食べていけないから」「誰も好きでこの仕事をやっているわけじゃない」。そんなことを思いながら日々一生懸命働いている、多くの人の声を聞きます。

しかし**「マイナスを避ける動機付けシステムで働く」というのは、自分ではなく他人に評価を委ねています。**評価するのは自分ではなく、常に他人。そのため自分の感情と向き合う必要はありません。ですから、いざ定年後に時間ができて「なんでもできる」状態になったとき、「自分のしたいことなんて急に言われても、どうすればいいの?」となってしまうのです。

認知行動療法の分野では、できるかぎり「プラスに近づく動機付け」を推奨します。

なぜなら「マイナスを避ける動機付け」では、不安や恐怖に駆られて動くことになりますし、マイナスの結果をもたらす相手(先生や親、上司や会社など)にバレなければいくらでもサボれる、もしくはやる気が出ない、という方向へ向きやすいからです。ちょうど、「勉強しなさい」と口うるさく言う親に隠れてゲームをする子どものようです。親に叱られるというマイナスを避けることだけが動機では、勉強そのものへの動機付けは下がる一方です。

先のAさんも、「マイナスを避ける動機付け」で働いてきた人でした。予備校講師として、生徒の成績が上がらないと上司に叱られてしまう、人気講師になれないと契約を切られてしまうかもしれない。そんな恐怖感と長年隣り合わせでした。

「プラスに近づく動機付けシステム」は万能か？

だからといって「プラスに近づく動機付けシステム」が万能かというと、必ずしもそうではありません。

営業成績で給与の額が変わるようなお仕事をされている方も、「よし！　売り上げアップだ！」とプラスを目指してやる気を出している方は多いでしょう。医療従事者の方が「患者さんが早く回復するように」と思って働くのもプラスの動機付けです。あのAさんにも、「生徒が志望校に受かるように」というプラスに近づく動機付けはありました。

これらは健全な原動力といえます。しかし、上司が褒めてくれるとか、学生が志望校に受かるなどといった外部の評価システムがない状態に陥ると、急に機能しなくなります。外部の評価システムが抜本的に変わってしまうときもまたしかりです。退職する、評価してくれた上司が異動して理解のない上司に代わる、会社が吸収合併されてこれまでとは全く違う評価システムになってしまうなどといった状況が考えられます。プラスの動機付けもまた外部の評価に依存しているため、周囲の状況によって振り回されてしまうわけです。

Aさんは言います。

「私は今まで、褒められることで動機付けが高まり、いつも業績のいい自分を誇りに思っていました。しかし退職後は自分が空っぽになった感覚です。何か落ち着かず、いつもソワソワするんです」

こうした外部の状況に振り回されない、もっとも安定した動機付けシステムはあるのでしょうか。

「好き」をどうすれば動機付けにできるか

それが「プラスに近づく動機付けシステム」の、3番目に挙げたものです。「学ぶこと自体が好きで、資格取得の勉強を頑張れる」

これは外部の評価を全く必要としていません。やっていること自体が「好き」だからです。こうした動機付けを心理学では「**内発的動機付け**」と呼びます。これとは対照的に、例の1番目と2番目は「**外発的動機付け**」と呼びます。

大事なポイントなので少し専門的な話をしますが、この2つの動機付けは、心理学の中でも教育心理学の大きな関心事でした。心理学者たちは子どもに対して効果的な学習を促すために、どのように動機付けを図ればよいかを模索したのです。はっきりとわかっていたことは、「内発的動機付け」がベストであるということでした。

こうした関心事のもと、ロチェスター大学の心理学者であるエドワード・デシとリチャード・ライアンは、心理学実験から、外的な報酬は長期的な動機付けには効果がないどころか、むしろ動機付けが下がることを明らかにしました（やる気が長続きしないということですね）。また、ノースウエスタン大学の経済学者であるジョナサン・ガーヤンが行った実験では、莫大な予算をつぎ込んで、子どもたちに「本を読んだら冊数に応じて現金がもらえる」などの大きな報酬をぶら下げ、学習を促した結果、子どもたちは大人の目論見通り本をたくさん読みましたが、読解力テストの成績は伸びなかったことが確認されました。

この実験は、お気づきのように、典型的な「外発的動機付け」です。

読書という行動は促進されたものの、結果が伴わなかったのです。さらに興味深いことに、報酬がなくなったあと、以前より動機付けが下がったという報告も多いのです。

では、どうしたら内発的動機付けが図れるのでしょうか？

内発的動機付けを促進する方法は、もともと個人が持っている欲求に目を向け、そこに働きかけることからスタートするといわれています。例えば、子どもがもともと持っている、他人と仲良くやっていきたいという「親和欲求」に注目するのならば、「友達も自分もなわとびがしたいけれど、ひとつしかない。そんなときはどうするか」といった課題に対して、「友達と仲良くしたい」気持ちを最初に引き出して、どのような方法を用いればこの課題が解決するか、解決策を工夫して考え出すことで動機付けを高めることができるでしょう。

別の例を挙げるならば、「審美性」を追求したいという欲求をもつ人が、小さい頃からお人形の着せ替えで遊んだり、友達の髪の毛をきれいに結んであげたり、もう少し成長して自分で服を作り出したりしたとしましょう。この人の中に一貫して流れる「好き」の気持ちに注目して、美容やファッションを学ぶための専門学校への進学を提案すれば、この人は美容やファッションの勉強に対して「内発的動機付け」を持ちやすくなります。

「内発的動機付け」とは魅力的な言葉で、心の内側からやる気がみなぎり、やっていることそのものが楽しめるようになる方法なのだろうか？　と思いがちです。しかし例に挙げたとおり、もともと持っていた自分の興味や関心、欲求に注目して、自分自身で掘り出していく必要があります。もともと自分の中に存在している原石をいかに見つけ出すかがポイントなのです。

この話題については次節「なりたい自分を明確にする」で詳しく扱います。ぜひとも自分の中にずっと昔からあったはずの欲求や興味、価値観に気づいて、本当にしたいこと、本当になりたい自分を明確に描いてみてください。やる気がわいてきますよ。

自分で自分を評価する仕組み

少し話を戻しましょう。

これまで、外発的動機付けと内発的動機付けについてご紹介してきました。

現役時代は、ほとんどの人が「会社のため」「周りのため」に、「売り上げ」や「上司の顔色」といった自分の外部にあるものを気にして、そこで行動が動機付けられていました。しかし退職後は、頑張れば評価してくれていた上司はいません。毎月の給料もなくなりました。家族の誰からも「おつかれさま」なんて労《ねぎら》いの言葉もかけてもらえません。

こうなると、「誰からも評価されない」事態になります。

この事態が辛くてしょうがないのが、「外発的動機付け」の人です。

「自分自身の価値は他人の評価にかかっている」とまでは言い切れなくても、相手から少しでも反対意見を言われたり、欠点を指摘されたりすると、ものすごくショックを受けてしまうことはありませんか。

話を具体的にイメージしていただくために、会社では冷静沈着なクールキャラとして通っていながらも、孤独の問題を抱えるBさんにみたび登場してもらいます。

あれから時が経ち、Bさんも40代になりました。

Bさんの田舎の両親は高齢になり、そろそろ介護のこと、お墓のこと、実家の家や土地をどうするかなど、いろいろなことが心配になってきました。そんなある日、実家から父親に初期のガンが見つかったと知らせを受けます。Bさんは仕事のめどがつく来週末に帰省することにしたのですが、そのときに同僚からこう言われました。

「これまでだって、数年に一度しか帰省しないなんて親不孝なんじゃないの？　これまで好き勝手にしていたんだから、そろそろ地元に帰って親を安心させてあげたらいいよ」

Bさんには「親不孝」という強烈な単語が心にぐさりと突き刺さりました。Bさんは競争心の強い、典型的な外発的動機付けの人です。社内での評価には人一倍敏感でした。

「そうか、自分は側からみれば親不孝に見えるんだ。これまで確かに好きなところに住んで、好きな仕事をさせてもらった自分は身勝手なのかもしれないな。将来的には早期退職して、長男なんだから墓を守らないといけないのだろうか」

何も急にこんなことを考えたわけではありませんでした。地元の文化として、それが当たり前だという風土があったのです。でもまさか、同僚からそう言われるとは思いもよりませんでした。

Bさんは父親の病気を心配するという心の負担だけでなく、自分は親不孝なのではないか、地元に戻るべきか、介護や墓はどうするかなどの多くの負担を一気に背負いこんでしまいました。

自尊感情の四段階

自分で自分を評価する生き方の人がBさんと同じ経験をしたとしたら、たとえばこんなふうに思うでしょう。

「私は自分なりのやり方で親孝行してきたんだし、このままでいい」

そしてあくまで自分と親、兄弟との話し合いで今後のことを決めていくことでしょう。同僚の言葉は外野の意見に過ぎませんし、同僚から「親不孝」といわれても、肝心の親がそう思っているわけではありません。

自分で自分を評価できず、他人の評価に委ねる生き方は、Bさんのように周りの意見に傷つきやすく、振り回されやすくなります。しかしそれだけでなく、**老後という評価システムがほとんどない状態に耐えられず、やる気をどのようにして出したらいいかわからず、無気力になるのです。**

逆にいえば、現役時代から自分で自分を評価するシステムをつくっておけば、周りに振り回されなくなりますし、退職後もやる気を出すことができます。自分で自分を評価するので、評価を求めて人と会わなくてすみます。孤独耐性もついてくるでしょう。

「自分で自分を評価する」システムを身につけると生まれてくるのが、self-esteemという概念です。日本語では通常「自尊感情」などと訳され、「自分を大切に、ありのままの自分でＯＫなのだと受け入れる姿勢」のことを指します。

自尊心というのは一般によく使われる言葉ですが、心理学で使われる「自尊心」「自尊感情」は次ページの図のように考えられています。

詳しく見ていきましょう。

自尊心の低い、いわゆる「自信のない」状態から一歩進んだのが「条件つきの自尊心」です。これは例えば「私は会社でプロジェクトマネジャーを任されているぐらい優秀なんだ」といったように、何か条件を満たしていることを根拠に自分を評価する段階です。

もう一歩進むと、「たとえマネジャーを降ろされたとしても私には価値がある」といった「無条件の自尊心」の段階になります。この段階への発展は、自分で自分を評価しない傾向の人には非常に難しいでしょう。しかしここに到達できれば退職後も怖くありません。退職後も「元株式会社○○の田中です」と名乗ったり、「元」の肩書を記載した名刺

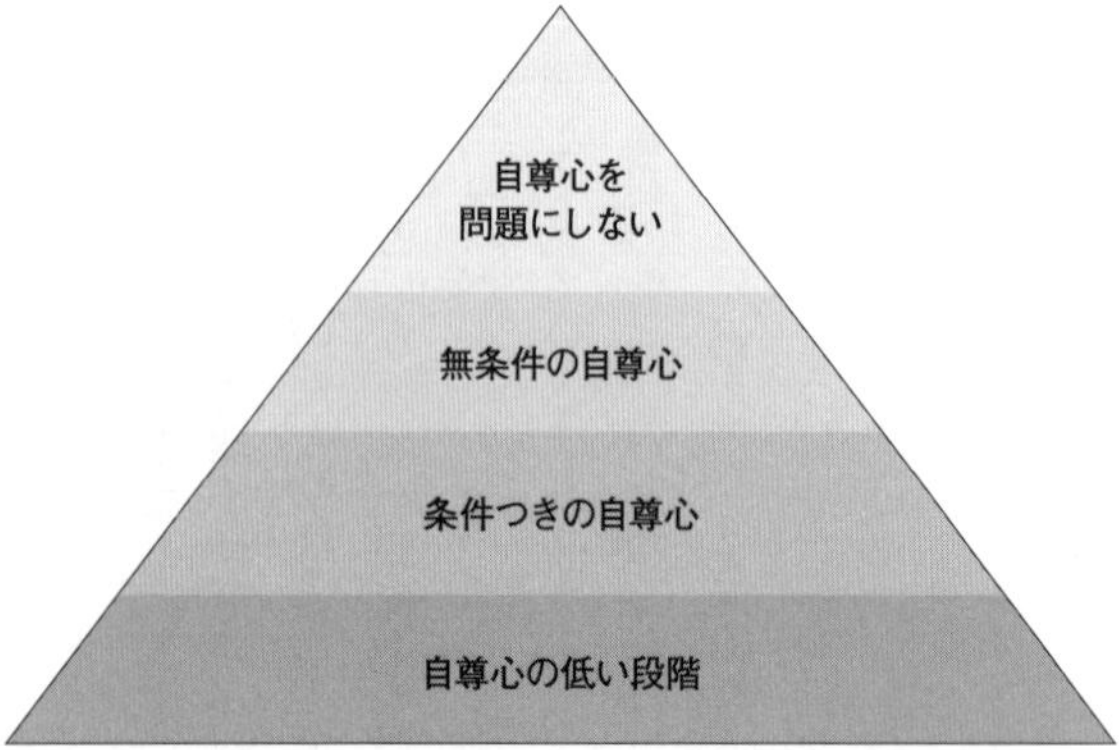

を持ち歩く必要もなくなります。

しかし、さらに次の段階もあります。それは「自尊心を問題にしない」段階です。

「無条件の自尊心」までの段階は、「私はたとえ職を失っても価値がある」と思えるものでした。しかし、「自尊心を問題にしない」段階は、ありのままの自分を受け入れている状態です。「職を失って、確かに昔を懐かしんで、ちょっと今の自分に落ち込むこともあるんだけどね。ま、これが自分さ」といった感じと言えばよいでしょうか。「職を失ったけれど価値がある」と無理にプラスにもっていかずに、事実のまま、「落ち込むこともある」「それも自分の一部だ」と隠しもしない、改善しようともしない、プラスもマイナスも評価しない態度です。受け入れるという表現ではちょっとプラスすぎるくらい、「うん、あるよね。そうそう、自分ってそういうところがある」といった、〝ぼそっと出てくる本音〟のような感覚です。

なかなかこの段階への到達は難しいのですが、日本人を含むアジア圏の人は文化的・宗教的な背景が関係し、この「ありのままを受け入れる」ことに長けているようです。

ピラミッドの上の段階にいけばいくほど、外部に左右されない、安定した心を保つことができます。私はなかなか「条件つきの自尊心」からは抜け出せません。一番上は悟りの境地に見えますね。でも、穏やかな老後のために、少しでも上を目指せたらいいなと思っています。他人からの評価や愛情や業績などに依存しない、自分自身の価値への確信を持ちたいものです。

第2節　なりたい自分を明確にする

アイデンティティとは何か？

ここまで、自分を評価する仕組みについてお話ししてきました。私たちがいかに仕事という場で他者に自分の評価を委ね、自分の感情と向き合わずに過ごしているかがお分かりいただけたのではないでしょうか。

ここからは、そのうえで何ができるかを考えてみたいと思います。

他人に評価を委ね、自分の気持ちと対峙せずに過ごしているということは、主体的に「自分は何をやりたいのか」「そのために誰とどのように付き合っていきたいのか」を考える機会がないということです。それはそのまま、定年後に何もやりたいことがない状態へとつながっていきます。結果、時間を持て余して元職場に出入りして社員を困らせたり、妻に依存して「濡れ落ち葉族」になってしまったり、寂しい孤独な老後が待ち構えているのは酷なことです。

これといった趣味もなく、退職後の自分が今から不安でしょうがないと考えている人は多いと言います。なんとかしてこんな状況を抜け出す方法はないものでしょうか。

それは、仕事以外にやりたいことは何か、究極的には「どんな自分になりたいのか」を考えることから始まります。まるで思春期のアイデンティティを確立する時期の課題のように思えるかもしれません。

しかし、まさにそうなのです。セオリーどおりに大学を出て就職し、なんとなく自分を確立したようなつもりになってはいたものの、老後のそうした不安に直面しているというのは、「自分はいったい何者なのか」「自分はどこへ向かうのか」という課題と向き合うことです。これを心理学の用語では「アイデンティティ」と呼びます。

アイデンティティとは通常、人との出会いやさまざまな経験を通して「自分ってこんな面もあるんだな」「人と比較するとこういう面が得意なんだな」など、他者を鏡にして自己理解を進めながら獲得されていきます。

その過程ではたとえば、「自分の親は普通だと思っていたけれど、よその家庭と比べると、案外うちって放任主義だったんだな」など、親に対する気づきもあります。そこで失望したり、あらためて感謝したり、時には離れて生きていくことを決意したりして、「心理的離乳」を果たします。親とは別の存在としての自分をはっきりと認識して独立していきます。中には過干渉な親に対して「NO」を言うことも必要でしょう。「本当はこんなふうに育てて欲しかったのに」と恨み言をぶつけたり、「うちの親にも親の事情があったのか。あきらめよう」と失望してみたりする。これらはごく自然な反応です。そうした複雑な気持ちに折り合いをつけながら、人はアイデンティティを確立していきます。

この時期のこれらの作業を、「あまりに親が感情的爆発を起こす人で、思う存分にこちらの感情をぶつけられなかった」「DVなど親の顔色をうかがわなければならない危険な家庭環境で、自分の内面に想いを馳せるような余裕はなかった」「親の期待があまりに大きくて敷かれたレールに乗るしかなかった」などの理由で十分にできていない場合、私たちは人生の節目でものすごく悩みます。

進路選択はまさにクライシスです。心理的離乳が不十分でアイデンティティが確立されていないと、親が干渉してくるか、自分で自信をもって決められません。就職活動中に鬱状態になる学生や、進路を決定したものの後「こんなはずじゃなかった」と親を責めたくなる人は、まさにそうです。不全感や怒りを抱えながらも、仕事をやめるわけにはいかず、感情に蓋をしながら耐えている人も多くいます。

しかしながら一度就職すると、一応の所属がある安心感を得るわけですから、感情に蓋をしたまま働き続けることで、少なくともラクにはなります。近年はずいぶん様子が違いますが、日本でもまだまだ親世代には「転職は少ないほうがいい」という終身雇用を前提とした価値観が多く見られます。こうした方が定年まで勤め切った後、急に所属を奪われて自分に向き合わざるを得なくなるときに、パンドラの箱が開いて「自分っていったい何がしたいのか」「気づけば誰とも本当の自分で接していなかったかも」と孤独感に直面するのです。

「名刺のない、裸の自分に向き合う自信がない……」

こんな悲痛な叫びが聞こえてきそうです。

なりたい自分を考える具体的なステップ

この状況を打開するためにはどうすればいいのでしょうか。

人生において「こんな自分になりたい」「これを成し遂げたい」という目標がはっきりある人は、充実した毎日、老後を送ることができるでしょう。ここまでは多くの「定年本」に書かれていることですが、〝「なりたい自分」をどう作ればいいのか?〟、その自問自答の方法を、本書では具体的にサポートしていきたいと思います。

まずは、よくある人生の志向の例を挙げてみますので、自分に近いなというものを選んで丸をつけ、おおまかな自分の志向をつかんでみましょう。

（　）権力を得たい　　　（　）財をなしたい
（　）人の役に立ちたい　（　）名誉が欲しい
（　）人に喜ばれたい　　（　）正しいことをしたい
（　）真理を追究したい　（　）人と協力したい
（　）技術を磨きたい　　（　）ひとりで黙々と打ち込みたい
（　）人と親密でありたい（　）美を追求したい

そのほかに思いついた価値観がありますか？

自分のお葬式をイメージして、どんな人だったと言われたいか、何を残したいかを考えると、本当に大事な価値観に気づくことができるともいわれます（死んだ後のことなので、この際手放していいんじゃないかと思いもしますが）。

さて、これらの大きな価値観を、領域別に具体化して、「それらが日常生活ではどのように具現化できそうか?」と考えてみましょう。

そのためには、なりたい自分を8つの領域に分けて考えることをお勧めします。「なりたい自分を考えましょう」と言われても、仕事やプライベートなど、どの場面をイメージすればよいのか、あるいは何年後をイメージすればいいのか、漠然としていると難しいものです。次ページの表は、代表的な価値観の分類です。この表に沿ってイメージしていくと考えやすいかもしれません。

埋めにくい欄もあることでしょう。空欄でもかまいませんが、その分野について考えるのを避けてきた事情が何かあるのかもしれません。真ん中の四角の中には、先ほどの価値観のキーワードを書いておきましょう。また、絵心のある方は、( )年後の自分として(何年後でも、想像しやすい時期でけっこうです)イラストを描いてみると、まだ言葉にならないような無意識の価値観を浮き彫りにすることができるため、発見が多いかもしれません。

内なる欲求に気づけるか

誰かの具体的なケースがあったほうが考えやすいので、ここからは第3章で登場したCさんに再登場してもらいましょう。Cさんは30代で、妻と二人暮らしです。

なりたい自分を８つの領域に分けて考えてみる

身体 （健康面や見た目などの美容面も含めます）	**心理** （情緒の安定や心のゆとりなど）	**趣味や教養** （余暇の時間の使い方やマナーや知識を得ること）
例）体重を10キロ減らす 筋肉をつける ジーンズをはきたい	例）時々キレて壁に穴をあけるのをやめたい	例）休日に朝から酒を飲むのではなく人と会ったり趣味をみつけたい 英語をしゃべれるようになりたい
生活 （ライフスタイル、住環境）	**（　）年後の自分**	**仕事** （業種、職種、職位、職場の風土など）
例）ひとりの時間と空間が確保できる静かな暮らし		例）以前のようにサービス残業ばかりの会社は嫌だ
お金 （月収、貯金計画、保険など）	**人づきあい** （親、家族、友人、恋人、近所、仕事関係など）	**その他** （どの欄にも分類できないけれど自分の大切な価値観についてはこちらに）
例）ゲームの課金を減らしたい 年間50万円貯金したい	例）親とは別居して、年に1度くらいのつきあいにする。友達は古くからの数名と狭く深く	例）海外旅行がしたい

Cさんは社員旅行に財布を忘れて行ってしまっても同僚に助けを求められないくらい、ヨコの関係でつながれる友人はほとんどいない人物です。職場に適応しようと頑張って努力をしていますが、これといった趣味もなく、退職後の自分が今から不安でしょうがないと考えている一人です。しかし社員旅行の一件以来、多少は人に頼ってもいいのかな、と価値観が変化しつつあるところでした。

Cさんは教育熱心な両親のもとで中学受験をして、私立の中高一貫校で有名な進学校を卒業しました。両親は高学歴で社会的にも成功していましたから、Cさんは何の疑問も持たずに両親の言うことは正しいと思えました。両親はCさんが「欲しい」と言う前に知育おもちゃを買い与えましたし、「やりたい」という前に各種の習い事をさせました。気づけば小学生になる頃には、のんびり過ごせる休日はまったくなく、いつも習い事か大がかりなレジャーの予定がありました。両親はふたりとも本当に善良な人たちで、ひとりっ子のCさんのために惜しみなく時間とお金を使いました。

こうした恵まれた環境で育ったCさんですが、快活な両親と比べて、どこか覇気のない、常に受け身の子どもでした。とはいえ与えられた課題についてはソツなくこなすし、対人関係も育ちの良さのおかげか、おだやかで「ちょうどいい」のです。こうした態度は学生時代には、どちらかといえば「イマイチなノリのおぼっちゃん」でしたが、就職してからは「無難キャラ」として重宝されました。

Cさんは恵まれすぎた環境のおかげで、自分の腹の底から湧き上がるような、強い欲求を感じたり、それを口に出して主張したり、人を押しのけてでも欲しいものを手に入れようとしたりすることがありませんでした。そのあたりが「おぼっちゃん」で「おだやか」なのですが、結局自分が何をしたいのかを見失う結果になってしまったのです。

Cさんは年齢のわりに、少し落ち着いた休日の過ごし方をします。ゴルフの個人レッスンに行ったり、美術館に行ったりします。どちらもCさんの父がしていたことです。親の世代の価値観に大きく影響を受けていました。

「休日はそうやって過ごすものだろう」

そのくらいの感覚でした。特にゴルフが好きなわけでもないのですが、淡々とレッスンをこなします。美術館に足を運んでも、特に大きな感動はありません。世間の休日というのはこういうものだからそうしている、という感じです。

Cさんはこう考えています。

「みんなが休みを待ち遠しく思う理由がさっぱりわからない。むしろ遅れている仕事を進めたいのだけど」

しかしそう考えるほどに、休みの日に自分が本当にしたいことをして満たされる感覚はありません。長期休暇のときは特に困ってしまいます。妻に旅行に誘われれば行きますが、正直なところ「疲れるな。面倒だな」と思ってしまいます。一方、納期に追われて仕事をしているときにはとても楽です。何も考えずに済むからです。

皆さんは、Cさんについてどう思いますか。Cさんは老後の心配もさることながら、今もちょっと心配です。そこで、まずは先ほどの「人生の志向の例」の、自分に近いと思うものに丸をつけてみました。Cさんの丸がついたのはこれらの項目でした。

（　）権力を得たい　（　）財をなしたい
（○）人の役に立ちたい　（　）名誉が欲しい
（○）人に喜ばれたい　（　）正しいことをしたい
（　）真理を追究したい　（　）人と協力したい
（○）技術を磨きたい　（○）ひとりで黙々と打ち込みたい
（○）人と親密でありたい　（○）美を追求したい

少しだけCさんの内なる欲求が見えてきましたね。

職人肌なところがあるんだなあとか、きっとそうして作り上げた美しいものを誰かが喜んでくれること、誰かの役に立つことに喜びを感じるんだなあという「人柄」が見えてきました。そうすることで、「人と親密でありたい」という、今まで本人には言語化できなかったCさんの欲求が明らかになりました。

いつか叶えたい夢の締め切りを作る

これらのキーワードを元に、もう少し具体的に夢を描いてみましょう。

Cさんは一人で黙々と打ち込める作業が好きで、美しいものに興味があること、そうした中で誰かの役に立ちたい、喜んでもらいたい、そして親密になりたいと考えていました。

これらの大きな価値観を領域別に具体化して、それらが日常生活ではどのように具現化できそうか、先の表を使って考えてみます。

しかしCさんは最初、この表を見て固まってしまいました。

「正しい生活目標を書かねばならない」という気持ちになってしまい、「体をもっと鍛えなければ」「体脂肪を落とさなければ」のように、マスト調のものばかりになってしまったのです。これでは自分の欲求に気づくワークでも、夢を具現化するワークでもありません。「しなければならないリスト」になってしまい、これまでのCさんの人生と同じになってしまいます。

Cさんのような生真面目な人に、私はカウンセリング場面でこう言うようにしています。「今目の前に、なんでも夢を叶えることができるボタンがあるとして、そのボタンを押すだけで夢が叶うのなら、押しますか？」。

これは、本当にその人の欲求がストレートに出ているかを確かめるための質問です。たとえば「いつかあのかっこいい車に乗りたい」という淡い夢について、私たち大人は「でも維持費もかかるし、駐車場も確保できないし……」と現実的な事情をいろいろ考慮してしまうものです。でもこうした大人の考えを一旦取り払って、「ボタンひとつを押すだけで叶うとしたら、叶えたいのか、それでも押すのをためらう理由があるのか」と自問自答することが大事です。とにかく伸びやかに○年後の夢を描くのです。

「夢を描くなんて、いい歳をして恥ずかしい」

おそらく多くの方が感じると思います。私自身もこのリストを書くときは、眉間にしわ

Cさんの「価値観の分類」表

身体 （健康面や見た目などの美容面も含めます）	**心理** （情緒の安定や心のゆとりなど）	**趣味や教養** （余暇の時間の使い方やマナーや知識を得ること）
髪を染めるとかヘアスタイルを変えてイメチェン	夢中になって没頭してみたい	デザインの勉強をしてみたい 陶芸を習いたい
生活 （ライフスタイル、住環境）	**（3）年後の自分** ひとりでもくもくと作業をする 人の役に立つ 人を喜ばせたい 美しいもの	**仕事** （業種、職種、職位、職場の風土など）
緑に癒されたい もっと田舎に住みたい		現状維持
お金 （月収、貯金計画、保険など）	**人づきあい** （親、家族、友人、恋人、近所、仕事関係など）	**その他** （どの欄にも分類できないけれど自分の大切な価値観についてはこちらに）
家計は妻に任せきりだけど、長期的な計画を話し合いたい	妻以外にも、飲み友達が欲しい 周りの人を喜ばせたい	自分の殻を破りたい

を寄せ、「うーんうーん」とうなりながら埋めている自分に気づきました。でも本来、夢とは目標ではなく「理屈抜きに好き」なものです。だから強いのではないでしょうか。

さて、Cさんはなんとか表を埋めてみました。

そして、書き終えるとこう感じました。

「今浮かんでいる3年後の自分は、だいぶ健康的だな。これまでの自分と違って、脱力して陶芸でいろんな食器を作って、友達にプレゼントして喜んでもらっている。いい汗をかいていそう」

こんなふうにありありと自分の姿が映像で浮かべられるといいですね。

Cさんのなりたい自分像がイメージできたところで、もう一つ段階を進めていきます。

年間目標が月間目標に、月間目標が週間目標に――「スモールステップ」のコツ

「千里の道も一歩から」という言葉はとても有名です。

Cさんは3年後の自分をイメージする中で、あまりに現在の自分とかけ離れていることに不安を持っていました。

「自由に書いてみたけど、ここまで変わったら自分は別人だ。できるはずがない」

そう思うかもしれません。でも、3年計画で一歩ずつ近づくことならできるのです。

私たちは子どもの頃、願い事を笹飾りの短冊に書いてお願いしたりしますが、ほとんどの方は大人になったら願い事なんて本気で書かないのではないでしょうか。なりたい自分ややりたいことを目指せない事情は必然的に増えますし、自分の力の限界を感じることもあります。

多くの人は、「どうせ叶うわけがないから、書くだけ書いて忘れる。あきらめる」のではないでしょうか。

「書くだけ」になるから、叶わないとしたらどうでしょう。

書いたら、その夢にたどりつくまでの、小さな階段を行動目標として設定するのです。その階段を1段ずつ登っていけば、いつか夢にたどり着けると思いませんか。

多くの人は「3年後」のような長期的な視点を忘れて、日々目の前のことに追われて生活します。それは仕方のないことです。だからこそ、3年後という遠すぎる目標ではなく、3年後の目標に向かって、1年目はこう、2年目はこう、3年目はこうというように年間目標を立てるのです。それでもまだ長いスパンですから、次に年間目標を12等分して

「月間目標」を立てます。12ステップでたどり着けるよう、段階を配置するのです。月間目標ですら私たちはだいたい忘れますから、それをさらに4等分して週間目標にするのです。

ここまでくると、「この1週間であの夢に近づくために、どの時間が使えるだろう。何ができるだろう」と考えることができます。忙しい人でも、なんとか15分ぐらいは時間を確保できませんか。

この手順で、Cさんには3年後の夢に向かって、年間目標、月間目標、週間目標を設定してもらいました。領域が8つに分かれていますから、それぞれの領域ごとに考えていきます。ここでは、Cさんの「趣味や教養」の領域の「デザインの勉強をしてみたい」を取り上げてみます。これは漠然としていて手順が見えにくいからです。

まず、「デザインの勉強」とは何を指すのか、もう少し具体化してもらいます。

「仕事でパワーポイントを作るときにも、なんというか、自分にはセンスがないんです。同僚のプレゼンを見るとわかりやすいし、見やすくてうらやましい。だからそういう勉強をしたいです」

なるほど、パワーポイントのデザインのことなのですね。それだけでしょうか。

「実はインテリアにも関心があります。今は賃貸のマンションなので、家具を揃えるのも我慢しているんですけど、いつかもう少し田舎の緑溢れるところに家を持ちたいんです。そのためにもいろんなインテリアの勉強をしておきたくて」

いいですね。Cさんにこんな興味が埋まっていたなんて、誰が知っていたのでしょう。Cさんにはパワーポイントのデザインのコツや、インテリアの勉強をしたい気持ちがあることがわかりました。しかし、まだそのための手段がわかりません。

もしかしたら、千里の道の第一歩目は、「勉強する方法を探す」ことかもしれません。

勉強の方法を探るためにCさんはいくつか考えました。

1　パワーポイントのプレゼンに関する本を、書店で立ち読みして探す。

2　本屋のインテリア関連書コーナーに行く。

3　ネットでプレゼンやデザインの講座を探す。
4　センスのいい人に勉強方法を教えてもらう。

4番目はCさんにしては意外な選択肢に思えますが、少しずつ人に対する信頼感が生まれてきたのでしょう。いい変化ですね。

どの方法も実行してみる価値がありそうです。それぞれどのくらいのスケジュールで実行できそうでしょうか。いつ実行するのか、計画を立てます。

「週末、書店に行ったら、1と2はできそう。本である程度、どんなことを学びたいのか具体化してから、ネットで講座を探してみようかな。これが来月ぐらいの目標。4に関しては、明日昼休みに同僚に尋ねてみよう」

Cさん、もう来月には4つすべてが完了する見込みです。

こんなふうに夢の実現のための道筋には、ある程度情報収集が必要なものです。情報を集めてから、年間計画へと進みます。

Cさんは、1から4までの情報収集で次のような情報を集めました。

・自分の興味のある分野は二つある。一つはPowerPointのデザインに関するもの。これはそれに関する書籍があったので買って読んでみよう。ある程度知識をつけてから、デザインを学ぶためのオンラインセミナーを受けてみたいな。

・もう一つは、インテリアに関するもの。これは学ぶというよりは、日頃からインテリア雑誌を読んだり、ネットで情報収集したり、ショップを回ったりしてアンテナを張っておくのがよさそうだ。センスのいい同僚が、おすすめのインテリアショップを教えてくれた。今度妻と行ってみよう。

さて、これらを年間目標へと整えていきます。

1年目：PowerPointのデザインに関する書籍を読んで、自分でも作ってみる。
　インテリアショップに足を運んだり、雑誌やネットをみたりして、自分の好みのテイストを明確にする。

2年目：デザインを学ぶためのオンラインセミナーを受講する。

妻と今後の住居について話し合い始める。

「あれ？」とCさんは思いました。

いざ書き出してみると、2年もあれば十分に達成可能な夢だったからです。それどころか、インテリアのことを考えていたら、いつのまにか「生活」の領域の「田舎に住みたい」という夢にもつながることが見えてきました。ついでに入れてしまうことにしました。

さて、これらの年間目標を、12回のステップに分けて、月間目標を作っていきます。ここでは1年目まで示しています。

1年目：PowerPointのデザインに関する書籍を読んで、自分でも作ってみる。

インテリアショップに足を運んだり、雑誌やネットをみたりして、自分の好みのテイストを明確にする。

9月　PowerPointのデザインの本を買う。

10月　妻とインテリアショップに行って、お互いの好みのテイストを話す。
「レイアウトの基本」の章を読んで、勉強する。
11月　お互いの好きなインテリア雑誌を購入して、イメージを膨らませる。
「配色」の章を読んで、好みの効果的な配色を探る。
好みのインテリアの配色について、妻と話し合う。
12月　「フォント」の章を読んで、好きなフォントをインストールする。

どうでしょう。Cさんの月間目標は、具体的ですね。そして、少しずつ目標に近づいていっている、本人がワクワクできる計画です。ここで月間目標を、さらに週間目標に分けていきましょう。

9月　PowerPointのデザインの本を買う。
妻とインテリアショップに行って、お互いの好みのテイストを話す。
1週目　近所の大型書店をネットで探す。

2週目　大型書店に行き、実際に中身を見ながら、好みのテイストの本を探して買う。
3週目　同僚に教えてもらったインテリアショップへ行って、お互いの好みを話す。
4週目　予備週

週間目標までできたら、実際のスケジュール帳を見ながら、1週間のどこならその活動を入れることができるかを探ります。このとき、だいたいの所要時間の目安を念頭に置きながら、スケジュールとして組み込むことが大切です。

9月第1週目　近所の大型書店をネットで探す

	9—12時	12—15時	15—18時	18時—
9月14日(月)	＊＊＊＊＊仕事	＊＊＊＊＊	＊＊＊＊＊	
9月15日(火)	＊＊＊＊＊仕事	＊＊＊＊＊	＊＊＊＊＊	近所の大型書店をネットで探す。
9月16日(水)	＊＊＊＊＊仕事	＊＊＊＊＊	＊＊＊＊＊	
9月17日(木)	＊＊＊＊＊仕事	＊＊＊＊＊	＊＊＊＊＊	
9月18日(金)	＊＊＊＊＊仕事	＊＊＊＊＊	＊＊＊＊＊	

9月19日（土）　　＊妻とランチ＊
9月20日（日）　＊＊＊職場のバーベキュー＊＊＊＊

どうでしょうか。普通の日々を送りながら、時々週に1回か2回、夢の実現に向かうための時間が、もうスケジュールとして組み込まれているのです。

この通りに動けば、2年もかからないうちに、夢のひとつが実現しています。

ここで大事なのは、「売り上げ目標」のような業績達成のためではなく、あくまでCさんの「やりたい」「興味がある」という欲求から出てきた活動であるということです。こうした時間を確保することこそが、退職後も自分のやりたいことをやれる、主体的な人生へとつながるのです。

「これまで漠然と、かっこいいインテリアの家に住みたいと思っていたけれど、こうして書いてみると、実現できるんだとワクワクしてきました」

そう言ったCさんの表情は生き生きとしていました。まるで少年のように、やりたいことにアクセスできたとき、人は内側からやる気が起きます。疲れ知らずのパワーです。こうしたエネルギーを上手に引き出して、老後の人生を楽しんでいきたいものですね。

第3節　自分に親切になる

意欲も体力もなくなった自分にがっかり

ここまでは認知行動療法を用いた人と親密な関係になる方法や、自分で自分を評価する方法をお伝えしてきました。いかがでしたか？　最後に、自分自身に優しく親切にする方法として、最近注目を集めている考え方をご紹介します。

年齢を追うごとに、記憶力、体力、スピード、集中力は明らかに落ちてきます。こんな変化を無視して、「もっと若々しくありたい」「いつまでも現役でいられるように、脳をトレーニングしなければ！」とアンチエイジングに燃える方も多いのではないでしょうか。もちろん、それで健康を保っている方もたくさんいらっしゃいます。しかし、老化という自然現象に対抗するには限度があります。いつしか受け入れる柔軟さが必要になるのです。

バリバリ働けない自分には価値がない？

具体的なケースで見ていきましょう。

ご登場いただくのは、会社の中では決して感情を表に出さないあのBさんです。マインドフルネスを通して自分の本当の感情に気づいたBさんは、40代になってから、大きな変化がありました。「老眼」です。これまで目がいいのが自慢だったBさんも、仕事で資料を読むときにはちょっと見えにくそうです。

さらに、以前なら仕事を家に持ち帰って深夜までこなす日々がデフォルトでしたが、ここ最近はちょっと無理をしようものならすぐに風邪を引いてしまうようになりました。

自分が急に弱くなった気がして、Bさんは驚きました。

「いったいどうしたんだろう。もっとバリバリ働きたいのに」

自分に対して悔しい思いでいっぱいです。一般に働き盛りといわれる40代だというのに、明らかに労働できる時間が減ったのです。

しかし、無理もないことかもしれません。そもそもこれまでが平日も夜遅くまで、家でまで仕事をこなしていたのですから、そのほうがやりすぎなのです。

それでもBさんは「やりすぎ」だなんて思っていません。そう思ってしまったら「負けだ」と信じているからです。さらに言うと「バリバリ働けない自分なんて価値がない」と思っているのです。

ですから、Bさんは自分自身に叱咤激励を繰り返します。

「甘えるな。自分をあきらめたら終わりだ。人間はすぐラクな方向にいくんだから」

そう自分に言い聞かせながら、自分に活を入れて、夜がだめなら早朝に起きて仕事をしようとしました。しかし、早朝4時に目覚ましをセットするのですが、なかなか起きられません。眠りも浅く、まったく疲れがとれていないのです。

「俺はどうなってしまったんだ。情けない。こんなに役立たずなんて……」

これまで強気に生きてきたBさんも、弱ってしまいました。

セルフ・コンパッションとは？

自分に厳しく、高い目標を掲げて努力してきたBさんは、40代になってとことん不調です。そういうときBさんはいつも自分に「活」を入れていました。これまでだいたい「活」を入れれば、なんとかなったからです。でも今回ばかりは、体が言うことを聞きません。

そもそも、「活」ならともかく、「俺はどうなってしまったんだ。情けない。こんなに役立たずなんて……」と考えるのは、あまりに自分をいじめすぎだと思いませんか。

Bさんの「こんなに役立たずなんて……」の先には、どんな言葉が続いたと思いますか。

はっきりと言葉にしてはいないものの、究極的には、「こんな役立たずな自分でいるぐらいなら、生きる価値がない」くらいのことを考えていたのでしょう。

年齢を重ねるごとに、誰しも遅かれ早かれ私たちにはさまざまな喪失が訪れます。身体能力、記憶力、集中力。見た目も老けていくし、退職すれば社会的地位も失います。友人や家族の死という喪失、健康の喪失もあるでしょう。

こうした喪失のたびに、若い頃の自分と比較して「役立たずだ」と自分を非難するのは非現実的です。

世界でたったひとりしかいない自分に対して、どうしてそこまで非現実的で、意地悪な言葉をかけなければならないのでしょうか。社会の価値観がそうなのでしょうか。たとえそうであったとしても、今自分を非難している声は、まさに自分自身のものです。自分がその世間の価値観を自分の意思で取り入れて、声にするという選択をしているのです。ですから、誰のせいにもできません。

究極的に、自分を守ってやれるのは世界でたったひとり、自分しかいません。もちろん家族や友人はあなたの味方をしてくれるかもしれません。しかし肝心のあなたが、周囲からの励ましや暖かい言葉を全て跳ね返して、「いや、そんなことはない！ 自分は本当に役立たずなんだ！」と言い張って、自分いじめをしているとしたら、こんな不幸なことはありません。世界中の人があなたの味方であったとしても、あなたがあなたをいじめる限りは、あなたは不幸です。これまでご紹介してきたとおり、この「自分は役立たずなんだ」という思い込みこそがひとつのスキーマです。

しかし、私たちは自分をいたわる術をあまりにも持っていません。

そこで最後にご紹介したいのが「**セルフ・コンパッション**」(self-compassion) という考え方です。近年、マインドフルネスとともにビジネス誌などで特集されることもあるので、聞いたことがあるという方もいらっしゃるかもしれません。

セルフ・コンパッションとは、自分の中の声に耳を傾け、それに思いやりの心を持って、大切にすることを指します。日本語では「慈悲」とも訳されます。もともとマインドフルネス瞑想の中のひとつである「慈悲と慈愛の瞑想」であり、「自分だけでなく皆が幸せでありますように」と願う瞑想のことです。

2003年、これをアメリカの社会心理学者クリスティーン・ネフ博士が発展させ、欧米で注目されるようになりました。日本でも、ここ数年で人気の心理学技法として注目されるようになっています。私は2018年に『セルフ・コンパッションのやさしい実践ワークブック』(ティム・デズモンド著、星和書店)という本を翻訳する機会に恵まれましたが、このとき初めて出会ったこの概念に大きな可能性を感じました。当時の私はすでにヨガが好きなこともあってマインドフルネスになじみがあったので、セルフ・コンパッションについてもすんなりと理解できました。

しかし、「よくここまでわかりやすく書けたものだなあ」と驚いた記憶があります。マインドフルネスよりも、セルフ・コンパッションのほうが「思いやりをもって」と、一定の方向性を示すからでしょうか。理解しやすい概念だと感じました。そして理解しやすいからこそ、世の中に普及するかもしれないと思いました。

話を戻すと、セルフ・コンパッションによって、自分のもっとも近くにいる自分が、自分に親切に思いやりを持って接することこそが、幸せに近づける方法だと言われています。

世界で一番自分のそばにいる自分が、常に暖かい言葉をかけてくれるのならば、もしかすると孤独感を抱かずにすむのかもしれません。反対に、どんなに周囲に人がいても、つまり状態としては孤独ではないとしても、自分が自分の味方になってあげられなければ、孤独感を抱くかもしれません。

自分の心の中の「少年」に耳を傾け、受け入れる

ただし、セルフ・コンパッションでは、自分への思いやりを持つことだけでなく、「自分の中の声に耳を傾ける」という作業が同じぐらい大事です。これは第3章でご紹介した、感情をモニタリングすることやマインドフルネスと似ています。

自分がどんな感情や思考を持っているのか、それにいい悪いのジャッジをせずに、「そうか、そういうところも自分の一部だよね」とただ見つめることからスタートします。そうすることで、否定したくて水面下に押しやりたくなるような負の感情も、恥ずかしくて認めたくないような感情も、どんな自分に対しても、思いやりの心を向けられるようになります。

自分の中の声に耳を傾ける際にイメージして欲しいのは、自分の心の中にいる「少年」の姿です。周囲の顔色なんて気にせず、本能のまま、むき出しの感情を表現する少年です。

悲しい、嬉しい、悔しい、寂しい……そういった感情を後先考えずに、率直に表現している姿を思い浮かべてください。

いつまでも若々しい高齢者を見たことがありませんか？　そうした方々に共通するのは、少年の心を忘れていないことです。大人の社会で生きてきたはずなのに、どこか素直で率直な感情を原動力にしながら生きている、本音の人です。きっと彼らの心の中では「少年」がずっと大切にされてきたのでしょう。反対に、早くから社会の中でがんじがらめになってしまって、自分の本音を押さえ込んできた人は、表情に乏しく、何をしても楽しめず虚しいことでしょう。彼らの心の中では「少年」は完全に無視されているか、もう存在を忘れ去られてしまっています。

「少年なら、こういうとき率直にどう感じるだろうか？」

自分の小さな頃の記憶が思い出せそうなら、それを使ってみてもよいでしょうし、育児の経験がある方はお子さんを思い出してもいいでしょう。もしくは、あなたの周囲にいるどこか少年の心を忘れない誰かなら、こういうときどう反応するだろうとイメージしてみるのも大いに参考になります。もちろんマインドフルネスをしながら、自分の身体感覚をフルに活かしながら自分の感情にアクセスする方法もおすすめです。

Bさんもセルフ・コンパッションに挑戦しました。

40代になって、なかなか以前のように長時間仕事に打ち込めなくなったときに、心の中の少年はなんと言っているでしょう。どんな感情を持っているのでしょう。

少年「あーー。きついよーー」

このぐらいシンプルな声かもしれませんね。もしかすると、「役立たず」なんて言われて、もっともっと傷ついて泣いているかもしれません。

心の中の少年の声に気づくことができたら、次は、その少年に思いやりのある言葉をかけましょう。決して説教をしてはいけません。心配という表現を使いながら、操作してもいけません。とにかく少年の感情を受け止めて、共感するのです。

Bさんなら「そんなこと言わずに頑張れ！　おまえならできる！」と励ましてしまいそうですが、そこをぐっと堪えます。そうではなくて、「きつい」という思いに対して、受け入れて、「そうだよね」と言ってあげるのです。

B「そうだよね。きついよね。しんどいね。よしよし」

子ども相手だと思えば、なんとかこんな言葉が出てきました。さらに少年はこう言うでしょう。

少年「前はできていたのに、悔しいよ」

B「そうだよね。そうだよね。だからって君が役立たずなんてことはないんだ」

とにかく少年の言うことを受け入れるのです。優しい言葉をかけてあげましょう。

自分の分身だと思うとなかなか親切にできないという方は、かわいい幼子が目の前にいると思ってください。大切な誰かを思い浮かべてもいいでしょう。

これは慣れるまでは難しい作業です。どうしても「でも頑張れ」とか「そんなことはないはずだ」とか「気のせいだ、くよくよするな」なんて口にしたくなるのです。マインドフルネスで培った、そのままを認める力を発揮しましょう。

自分を味方にすることができたBさん

Bさんは苦しみましたが、心の中の少年がきっと求めているであろう優しい言葉を思い出しました。少年は傷ついた心で、いつも誰かに優しい言葉をかけてもらいたかったのです。どこかで求めていた、母性に溢れた声です。いつもBさんは人に期待していた声ですが、それを初めて自分で自分にかけたのです。

「君はいつも頑張ってきたよ。本当によくやっている」

Bさんはたくさん評価されたかったのでしょう。続けました。

「君は仕事では、誰よりも感情を押し殺してまで、真剣にやってきたよね。本当は悔しくて泣きたい日もあったし、頑張りを認めてもらいたいのにうまくいかない辛さもあった。人からロボットみたいだと陰口をたたかれながらも、必死でやってきたよね。そんな頑張りを誰よりもわかっているよ」

Bさんには「自分は愛されないスキーマ」もありました。

「君はいつも同僚にも恋人にもイライラしていたよね。それって自分は人から愛されないんじゃないかと心配して、嫉妬したり不安になったりしていたからだってこと、僕は知ってるよ。変なプライドが邪魔して、クールを装ったりして、なかなか正直な気持ちを認められなかったよね。でも本当は愛されたいんだよね。不器用なところがあるけど、そうやってもがいている君のことも、悪くないと思っている」

Bさんは頭の中で言葉にするたびに、驚きました。自分がこんな言葉を誰かに期待していたなんて。もしかすると、これまでそばにいた誰かがすでに似たような言葉をかけてくれていたのかもしれません。しかし、Bさん自身がつっぱねてきたか、お世辞だろうと思って割り引いてきたか、裏を読んだりして、とにかく素直に受け取っていなかったのかもしれません。

Bさんは、やっと自分自身の味方になれたのです。

おわりに

元予備校講師で定年後に誰からも連絡が来ないAさん、クールキャラで怒りっぽいBさん、自分の本当の感情がわからなくなってしまった控えめなCさん、職場のストレスを溜め込んでスマホのゲームに依存するDさん。彼らのストーリーはいかがでしたか。皆さんはどの人に感情移入をして読み進めていらっしゃいましたか。

本書のテーマは、「老後の孤独感との付き合い方」でした。

しかし、登場したのは20代から60代の男性たちでした。これには、老後を迎えて初めて問題が勃発するのではなく、長年水面下にあって、くすぶっていた問題が表面化するのではないかという仮説に基づいているからです。そして老後をどう生きるかは、実は現役世代の頃にどう生きてきたかに大きく影響を受けると考えたからです。

「老後に備えて」という考え方は、あまり好みではありません。なので言い換えますと、

「老後をより自分らしく生きたいのなら、今のうちからそう生きよう」というのが本書の裏テーマです。

そのために4人の男性たちが、認知行動療法のテクニックを使いながら、一生懸命自身に向き合って、誰かと向き合って、変化を遂げた例をご紹介しました。もちろん事例は、私が仕事を通して見聞きしてきたケースをもとにした創作に過ぎませんが、どの主人公も皆さんの心の中に少しでも住んでいませんか。

女性の私の心にももちろん、どの主人公もいます。私自身は仕事が大好きな人間で、死ぬその日まで仕事をしていたいと公言するほどなのですが、実際のところ、そんなに健康が長続きするものだろうかとか、そんなにおばあちゃんになってまでお仕事をもらえるものだろうか、などという不安もあります。

私はそんなとき、自分の「老後」のイメージとして「ああなりたい」と真っ先に浮かぶ人がいます。祖母です。

私は小さい頃から遠方の田舎に一人暮らしをしていた祖母によく手紙を書いたり、年に一度ほどでしたが会いに行っていました。大学生になっても嫁に行っても、手紙のやりとりは続きました。祖母は6人の子どもと14人の孫に恵まれ、県内には実の妹がふたり住んでいて、とても仲良くしていましたし、近所の人から慕われていました。たくさんの人に囲まれているだけでなく、いつもニコニコ、明るい祖母でした。亡くなる少し前に、数日意識がなくなったと知らせを受けて、慌ててかけつけたときにも、ふと目覚めた祖母は、生きるか死ぬかの状態なのに、ファンタグレープを飲みたいとリクエストして、満足そうに飲み干すと、「はあーー、生き返ったぁ」といって周囲を笑わせました。そんな明るい祖母の周りには人が絶えませんでしたし、いつも幸せそうでした。

私は「早くおばあちゃんになりたいなあ」と憧れていました。

でもいざ自分が年齢を重ねると、なかなか祖母のようになれないことにも気づきました。大人というのは皆それぞれが、複雑な事情を抱えています。毎日笑顔というわけにはいきません。気づけば眉間にシワができていました。

「ああ、ちがう。こんな眉間のシワは、私のおばあちゃん計画にはない」

そう思いました。そして、思ったのです。

「どうやら、自然に生きていても、この延長上にあのおばあちゃんはいないぞ。何か手を打たなくては」

祖母譲りの象みたいに大きな自分の足を眺めては、遺伝とはすごいなと驚きながらも、

「いつか私もおばあちゃんみたいになれるはず」と思っていたのですが、ちょっと自己変革が必要だなと思いました。

認知行動療法は、そんな自己変革に効果的でした。まだまだ私も迷っている人生の途上ですが、認知行動療法は自己理解に大きな役割を果たすことは間違いありません。第3章はまさにそのために書きました。

それから、自己理解に基づいて、多少変化することもできます。これは第4章に、孤独にならないために親密な関係を築く方法として詳しくご紹介しました。

しかし、変革だけでは足りないことも付け加えておきます。第5章では、それでも孤独を受け入れたり、孤独と共に生きていく方法についても書きました。

現時点で40代の、いわゆる「就職氷河期世代」と呼ばれる、老後に年金がもらえるのが絶望的な世代の私が、これまでの臨床経験の中で身につけた認知行動療法のテクニックをご紹介しながら、これから共に歳を重ねていく中年世代へのエールとして、この本を書かせていただきました。

また本書の企画・執筆にあたり、NHK出版放送・学芸図書編集部の田中遼さんには、わざわざ私の住む福岡市に足をお運びいただき、大濠公園の緑と水の景色を眺めながら、どのような構成にすれば世の中の役に立つ本になるかについて相談させてもらいました。田中さんは、我が国では認知行動療法という効果的なカウンセリングを受けたいと希望しても、供給が追いついていない現状であること、そのために本という手段を用いれば多くの人に認知行動療法の考え方をお届けできることについて共感してくださり、熱意を持って本書の編集にあたってくださりました。ここに感謝を申し上げます。

本書でご紹介した技法の一つでも、皆さんの心にヒットすればこんなに嬉しいことはありません。皆さんの毎日が、親密な関係によって豊かなものでありますように。そして、誰より自分が自分の味方でいられますように。

二〇二〇年十一月

中島美鈴

主な参考文献

・Adams, K. B., Sanders, S., & Auth, E. A. (2004). “Loneliness and depression in independent living retirement communities: Risk and resilience factors” *Aging and Mental Health*, 8(6), 475-485.

・安藤孝敏・小池高史・高橋知也（２０１６）「都市部のひとり暮らし高齢者における孤独感の関連要因」横浜国立大学教育人間科学部紀要 Ⅲ社会科学 1-9.

・浅川達人・安藤孝敏（１９９８）「高齢者の情緒的一体感に関する研究：親密性を基に生起する関係と親密性によらない関係とは」東海大学健康科学部紀要 4, 25-29.

・デビッド・D・バーンズ（著）、野村総一郎、夏苅郁子、山岡功一、小池梨花、佐藤美奈子、林建郎（翻訳）『いやな気分よ、さようなら――自分で学ぶ「抑うつ」克服法』（星和書店、２００４）(David, D. Burns. (1999) *Feeling Good: The New Mood Therapy*. New York: William Morrow Paperbacks)

・デビッド・D・バーンズ（著）、野村総一郎（監修）、中島美鈴（監訳）、佐藤美奈子（訳）『人間関係の悩み さようなら――素晴らしい対人関係を築くために』（星和書店、２００８）(David, D. Burns. (2008) Feeling GOOD Together : The secret of making troubled relationship work. Crown Archetype)

・Fratiglioni, L., Wang, H. X., Ericsson, K., Maytan, M. & Winblad, B. (2000) “Influence of social network on occurrence of dementia: a community-based longitudinal study" *The Lancet*, 355, 1315-1319.

・Huges, C. P. (1992) "Community psychiatric nursing and depression in elderly people" *Journal of Advanced Nursing*, 17(1), 34-42.

・Luo, Y., Hawkley, L. C., & Waite, L. J. & Cacioppo, J. T. (2012) "Loneliness, health, and mortality in old age: A national longitudinal study" *Social Science & Medicine*, 74, 907-914.

・永井眞由美・東清己・宗正みゆき（２０１６）「在宅高齢者を介護する高齢介護者の孤独感とその関連要因」日本地域看護学会誌 19(1), 24-30.

・Sorkin, D., Rook, K. S. & Lu, J. L. (2002) "Loneliness, lack of emotional support, lack of companionship, and the likelihood of having a heart condition in an elderly sample" *Annals of Behavioral Medicine*, 24(4), 290-298.

・Tijhuis, M. A., De Jong-Gierveld, J., Feskens, E. J. & Kromhout, D. (1999) "Changes in and factors related to loneliness in older men: The Zutphen Elderly Study" *Age & Ageing*, 28(5), 491-495.

・ティム・デズモンド（著）、中島美鈴（翻訳）『セルフ・コンパッションのやさしい実践ワークブック』（星和書店、２０１８）(Desmond, T. (2017). *The Self-Compassion Skills Workbook: A 14-Day Plan to Transform Your Relationship with Yourself*. New York: W. W. Norton & Company.)

校閲　金子亜衣
イラスト　うかうか
図版作成　原　清人
ＤＴＰ　佐藤裕久

中島美鈴 なかしま・みすず
公認心理師、臨床心理士。心理学博士。
九州大学大学院人間環境学府人間共生システム専攻博士後期課程修了。
肥前精神医療センター、東京大学、福岡大学、
福岡県職員相談所などでの勤務を経て、
現在は九州大学および肥前精神医療センター臨床研究部にて
集団認知行動療法の研究や職場のメンタルヘルス対策に従事している。
著書に『悩み・不安・怒りを小さくするレッスン』
『もしかして、私、大人のADHD？』（光文社新書）、
訳書に『もういちど自分らしさに出会うための10日間リーダーズマニュアル
――自尊感情をとりもどすためのプログラム』
（デビッド・D・バーンズ著、星和書店）などがある。

NHK出版新書 644

あの人はなぜ定年後も会社に来るのか

2021年1月10日　第1刷発行

著者　中島美鈴
発行者　森永公紀
発行所　NHK出版
〒150-8081 東京都渋谷区宇田川町41-1
電話 (0570) 009-321（問い合わせ） (0570) 000-321（注文）
https://www.nhk-book.co.jp（ホームページ）
振替 00110-1-49701

ブックデザイン　albireo
印刷　壮光舎印刷・近代美術
製本　二葉製本

Printed in Japan　ISBN978-4-14-088644-1 C0236

NHK出版新書好評既刊

残酷な進化論
なぜ私たちは「不完全」なのか
更科 功
心臓病・腰痛・難産になるよう、ヒトは進化した!『絶滅の人類史』の著者が最新研究から人体進化の不都合な真実に迫る、知的エンターテインメント!
604

親の脳を癒やせば子どもの脳は変わる
友田明美
親の脳も傷ついていた。脳研究に携わる小児精神科医が、脳とこころを傷つけずに子どもと向き合う方法を最新の科学的知見に基づいて解説する。
605

森保ジャパン 世界で勝つための条件
日本代表監督論
後藤健生
新生サッカー日本代表「森保ジャパン」が世界の壁を突破するためには、何が必要なのか? 代表監督の系譜から考える。歴代監督12人の独自採点付き。
606

証言 治安維持法
「検挙者10万人の記録」が明かす真実
NHK「ETV特集」取材班[著] 荻野富士夫[監修]
1925年から20年間にわたって運用された治安維持法。当事者の生々しい肉声と検挙者数のデータから、その実態に迫った「ETV特集」の書籍化。
607

明智光秀
牢人医師はなぜ謀反人となったか
早島大祐
文武兼ね備えたエリート武将は、いかに本能寺の変へと追い詰められたか。気鋭の中世史家が最新の研究成果を踏まえ、諸説を排し実証的に迫る渾身作!
608

マグロの最高峰
中原一歩
豊洲で一日に並ぶ二百本の上位「二、三本」は何が違うのか? 漁師・仲買人・鮨職人に長年密着取材してきた作家による、究極の「マグロ入門」誕生!
609

NHK出版新書好評既刊

「超」現役論
年金崩壊後を生き抜く

野口悠紀雄

決してバラ色ではない「人生100年時代」。国にも会社にも、もう頼れない！ 老後の暮らしを守る唯一の方法を、日本経済論の第一人者が提言する。

610

科学史の核心
高校世界史でわかる

小山慶太

ニュートンはなぜ後世に名を残せた？ 普仏戦争と量子力学の意外な関係とは。近現代史を大きく動かした科学の営みをたどる、科学史「超」入門！

611

実践 幸福学
科学はいかに「幸せ」を証明するか

友原章典

日本の男女格差はG7最下位、なのに幸福度の男女差は女性が上！ その理由とは？ 行動経済学の俊英が、科学に基づく「幸せ」のあり方を提唱する。

612

死ぬまで、努力
いくつになっても「伸びしろ」はある

丹羽宇一郎

定年後の幸せ、老後の理想、若者との向き合い方。後悔なしに生きるには何を心掛けるべきか。豊富な経験から語り尽くす、人生後半戦の指針書！

613

AI vs. 民主主義
高度化する世論操作の深層

NHK取材班

すでに世界68か国で展開されている「AI世論操作」。それはいかに社会を脅かすのか。告発者らの生々しい証言を手掛かりに探る民主主義の未来。

614

それでも読書はやめられない
本読みの極意は「守・破・離」にあり

勢古浩爾

名著、名作に入門、格闘し、敗れたのちに開眼する!? 何ものにもとらわれない読み方へ。古希を過ぎて総括する、痛快なる読書一代記！

615

NHK出版新書好評既刊

世界を動かすイスラエル
澤畑剛
イスラエル・中東情勢を、「イノベーション」「キリスト教福音派」「シェール革命」などをキーワードに多角的に読み解く。現役記者による最新リポート。
628

いまこそ「小松左京」を読み直す
宮崎哲弥
その予見的性質のため、いまふたたび注目を集めるSF作家・小松左京。『日本沈没』等の代表作を読み直し、戦後最大の知識人の思索をたどる。
629

パンデミックが露わにした「国のかたち」
欧州コロナ150日間の攻防
熊谷徹
そのとき、イタリアで何が起きたのか？ドイツはどう動いたのか？新型コロナウイルス第二波襲来が叫ばれるいま、日本の選ぶべき道を提言する。
630

教育格差の経済学
何が子どもの将来を決めるのか
橘木俊詔
何が教育格差を生み出すのか。所得の影響、保育園と幼稚園の差、塾の効果などを、格差研究の第一人者がコストとリターンの観点から徹底分析！
631

人類の選択
「ポスト・コロナ」を世界史で解く
佐藤優
コロナ禍を歴史的に分析し、国際情勢と日本の未来を展望。複数の選択肢に揺れるコロナ後の世界と人間の生き方に確固たる指針を示す！
632

名著ではじめる哲学入門
萱野稔人
哲学とは何か。アリストテレスで「人間」の本質を抉り、ハイデガーで「存在」の意味を知る。複雑化する世界を新視点で捉える実践的学び直しの書。
633

NHK出版新書好評既刊

NHK出版新書好評既刊

愛と性と存在のはなし	赤坂真理	私たちは自分の「性」を本当に知っているか？ 既存の用語ではすくい切れない人間存在の姿を、作家自身の生の探求を通して描き出す、魂の思索。	640
渋沢栄一「論語と算盤」の思想入門	守屋 淳	答えのない時代を生きた渋沢の行動原理とはなんだったのか。その生涯と思想を明快に読み解き、偉業の背景に迫る。渋沢栄一入門の決定版！	641
家族と社会が壊れるとき	是枝裕和 ケン・ローチ	貧困や差別に苦しむ人々や、社会の見過ごされがちな側面を撮り続けてきた映画監督ふたりが、「不平等な世界」との向き合い方を深い洞察で示す。	642
空想居酒屋	島田雅彦	酒場放浪歴40年、料理歴35年の小説家が、理想の居酒屋を開店した？「文壇一の酒呑み&料理人」が放つ、抱腹絶倒の食エッセイ！（レシピ・カラー付）	643
あの人はなぜ定年後も会社に来るのか	中島美鈴	会社という居場所を失ったとき、なぜ男性は老後の時間を有効に使えないのか？ 認知行動療法のプロが語る、不安の正体と孤独との対峙法。	644